SHODENSHA
SHINSHO

美しきタロットの世界

――その歴史と図像の秘密

読売新聞社「美術展ナビ」取材班
東京タロット美術館／監修

JN110522

祥伝社新書

はじめに

「タロット」というと、何を想像するだろうか？

占いのツール？　ゲームに使うカード？　それとも古代から伝わる神秘主義の象徴？　どれも正しい、だけど、どれも正しくない。

タロットカードは15世紀半ば、イタリアで成立したといわれている。もともとは貴族が遊ぶ「絵入りカード」だったようだ。18世紀から19世紀にかけて占いに使われるようになり、ヨーロッパを席巻《せっけん》した神秘主義と結びついた。20世紀に入ってユング心理学やニューエイジ思想などの影響もあり、さらに複雑な意味づけ、解釈が行なわれるようになった。

あれ？　タロットって中世ヨーロッパで出来たモノなの？　じゃあ、「古代エジプトの叡智《えいち》」とか、古代ユダヤ民族の「カバラの秘密」とか、関係ないんじゃない？

いやいや、ところがそうでもない。タロットには、大きなヒミツがある。

タロットのカードは全部で78枚。大アルカナ22枚、小アルカナ56枚で構成されている。大アルカナは「愚者」「戦車」など、様々な絵が描かれている「絵札」。小アルカナは、棒《ワンド》、金貨《コイン》、剣《ソード》、聖杯《カップ》の4種類のマーク（スートという）に1から10までの数字を当てはめた「数札《かずふだ》」と王《キング》、女王《クイーン》、騎士《ナイト》、小姓《ペイジ》の「人物札（コートカード）」を合わせたトランプのようなもの。そして、大アルカナの絵が何に由来しているのか、どうしてこの絵柄が選ばれたのか。正確なところは誰にも分かっていない。

聖書の説話やギリシア・ローマ神話の物語、アリストテレスやピタゴラスら古《いにしえ》の賢人たちから伝わった「知恵」が下敷きになっていることは間違いないだろう。そのうえで、グノーシス主義などの「東方の叡智」を取り入れているかもしれないし、ルネサンス期の詩歌や絵画のモチーフが入り込んでいるかもしれない。あるいは中世ヨーロッパの民間伝承や社会状況を反映しているのかもしれない。研究者による探究は世界中で続いている。タロットの成立や歴史には様々な学説があり、それ以上に解釈も多くある。

そんな「通説」や「解釈」を、東京タロット美術館（東京・浅草橋《あさくさばし》）の監修の下《もと》、タロット研究家で図案作家のイズモアリタさんの助言、指導を得ながら「美術展ナビ取材班」が取捨選択してまとめたのが、この本だ。読売新聞社が運営するウェブサイト「美術展ナビ」で2022年4~8月に連載した原稿を、書籍化にあたって大幅に加筆改稿した。

「タロットのヒミツ」を、古今東西の「絵」を楽しみながら解き明かす……それが狙いの企画である。

最初のカード「愚者」から最後のカードの「世界」まで、タロットの大アルカナはひとつながりの物語、無垢《むく》の存在である「愚者」が真理を求めて世界を旅する「愚者の旅」として捉《とら》えることもできる。そこに内包される様々なイメージは、世界中の神話や伝説や「宇宙の真理」について古今東西の人々が考えてきたことにつながっている。カードを手にとって、絵を見ながら「自己との対話」を試みるのもいい。知人友人との会話を広げていくのもいい。その絵を通じてイマジネーションが広がり、それが「癒やし」のきっかけとなれば……、コミュニケーションのきっかけになり、人々の心を豊かにするものになれば……。

テーブルの上の「小さなアート」であるタロット、使い方は人それぞれ。

それでは、いざ、深遠なるタロットの世界へ――。

読売新聞社「美術展ナビ」取材班

目次

第2章 大アルカナと愚者の旅

第3章　小アルカナの世界

第1章

タロットは
貴族の教養だった

＊発祥は、中世ヨーロッパ貴族社会

タロットの原型は、15世紀半ばのイタリアで確立されたというのが、現代の定説である。18世紀後半から20世紀にかけて「タロット＝古代エジプト起源説」が流布《るふ》されていたが、これはどうやらオカルティストが想像で組み立てたもの。20世紀後半、数々の研究者の論考によって、タロットの歴史の概略は明らかにされつつある。

それぞれのカードが独自の意味を持つ22枚の「大アルカナ」とコートカードと呼ばれる人物札16枚、数札40枚の「小アルカナ」、計78枚のカードで構成されるタロット。その源流となる最古のパックは、現存のものではイタリアのヴィスコンティ家とスフォルツァ家で作られた3組が知られている。アメリカのイェール大学のベイネック図書館に保管されている「キャリー・イェール・パック」、ミラノのブレラ絵画館に所蔵されて

ヴィスコンティ版の「審判」
（モルガン図書館蔵）

いる「ブランビラ・パック」、ニューヨークのピアポント・モルガン図書館にある「ピアポント・モルガン＝ベルガモ・パック」（ヴィスコンティ・スフォルツァ・タロット）だ。いずれも1440年代の前半から1450年代にかけて作られたとされる。1412～47年にミラノ公の座にあったフィリッポ・マリア・ヴィスコンティ（1392～1447）は「占星術は信じるが人は信じない」といわれた人物であり、その娘婿《むすめむこ》でフィリッポの死後にミラノ公となったのが、フランチェスコ・スフォルツァ（1401～1466）。この2人が、カードの制作に深く関わっていたようだ。3つのパックはいずれも、「悪魔」「塔」など一部のカードが欠落しており、「キャリー・イェール・パック」の大アルカナには、「信仰」「希望」「慈愛」という現代のデッキには含まれないカードもある。

中世ヨーロッパの思想・芸術に詳しい図像学者の伊藤《いとう》博明《ひろあき》・専修大学教授の論考『ルネサンスにおけるタロットの創出――「マンテーニャのタロット」をめぐって』（『ユリイカ詩と批評』）には、〈一五世紀後半には、北イタリアのボローニャ、フェッラーラ、ミラノの宮廷においてタロット・ゲームが盛んとなり、二〇種類ほどのパックの存在が知られている〉と記されている。1440年代にミラノのボッロメオ家の壁に描かれた、貴族たちがカードゲームに興じるフレスコ画《タロット・プレイヤーズ》が、その時代の様子を後世に伝える。

《タロット・プレイヤーズ》（ボッロメオ宮殿蔵）

この時代、タロットはあくまでも「遊戯」に使われていたようで、「占い」に使われていたという記録はない。当時のキリスト教聖職者の説教の記録に「トリオンフィ（ここではタロットの意味）の遊び」が厳しく糾弾されているのに、「タロット占い」についての言及がないことがひとつの傍証《ぼうしょう》だろう。『旧約聖書』「申命記《しんめいき》」には〈あなたの中に、自分の息子や娘を火にくぐらせる者、占い師、卜占《ぼくせん》する者、まじない師、呪術師、呪文を唱える者、口寄せ、霊媒、死者に伺いを立てる者などがいてはならない。これらのことを行う者をすべて、主は忌み嫌われる〉（18章10―12節、聖書協会共同訳）と書かれている。つまり「占い」や「呪術」はキリスト教にとって大きな禁忌《タブー》だったわけである。タロットが占いに使われていたとしたら、聖職者がそこを批判しないわけがない。タロットや占星術などに詳しい著述家・翻訳家の鏡《かがみ》リュウジ氏の『タロットの秘密』によると、16世紀に書かれた魔術師／神学者のコルネリウス・アグリッパ（1486～1535）の著書『オカルタ・フィロソフィア』もタロット占いへの言及はないという。〈手相、人相、占星術、土占術などあらゆる占いを網羅している〉オカルトの大事典なのに、だ。

＊「タロット」と「トランプ」、どちらが先？

では、貴族たちはタロットをどのように使っていたのか。

ルネサンス期のヨーロッパには、「絵画を読み解く」伝統があった。1枚の絵の、たとえば人物が着ている服、持っている物、何かに対してのアクションの中から、表だっては描かれていない、隠された意味を読み取る、というものである。そのイメージの基《もと》になるのが、聖書やギリシア神話、あるいは世にある箴言《しんげん》など。「寓意《ぐうい》」を「読み取る」作業は、絵画だけでなく、文学、彫刻など広く芸術作品に共通するものであった。絵画を見て、あるいは詩を読むなどして、そこにどんな意味を見いだすのか、何からの引用かを理解できるかどうか。それが貴族の「教養」であり「鑑賞力」だった。

これらの絵画は、世の中の「常識」を伝えるものだったり、「真理」を学ぶものだったり、「呪い封じ」の役割をしたりするものだったらしい。たとえばランブール兄弟の描い

ランブール兄弟作《ベリー公のいとも豪華なる時禱書》
（コンデ美術館蔵）

た《ベリー公のいとも豪華なる時禱書《じとうしょ》》には1～12月の天体の配置とその月にある祭事などが描かれているが、〈いまでいうスケジュール帳のようなもの〉と『タロットの歴史』でタロット研究家の井上《いのうえ》教子《きょうこ》氏は説明する。15世紀中盤から後半にかけて作られたとされる「マンテーニャのタロット」は50枚のカードで「宇宙」全体の理《ことわり》を表したものだ。絵を見ながら「遊びながら学ぶ」目的があったのだろう。

それら「隠された意味のある絵のカード」が22枚でひとつのセットになって、トランプや小アルカナの先祖にあたる数札と組み合わさったのが、タロットらしい。フランス生まれのタロット研究家、レティシア・バルビエは『タロットと占術カードの世界』でこう説明する。

〈15世紀、イタリア人は新しいタイプのデッキを考案した。それは一群の寓意的なカードからなる5番目のスート「トリオンフィ」=筆者註：ラテン語でトライアンフ（凱旋《がいせん》）の意味、英語のトランプ（切り札）はこの言葉に由来する=を含んだもので、トリックテイキング・ゲームに複雑性を加えるのが狙いだった〉

つまり、トランプ的なカード（=小アルカナ）とそれによるゲームが先に存在していて、大アルカナにあたる絵札が後に加わった、ということだ。18世紀以降のオカルティストたちは、「エジプト起源のタロットカードがまずあり、そこからトランプが生まれた」という説を唱えていたが、以上のように現代の研究者の多くはそれを否定する。数札によるカードゲームのルーツは中国にあるらしく、そこからペルシアを経てヨーロッパに「輸入」された、というのが定説だ。「先に」生まれたのはトランプなのである。

＊タロットの庶民化と「マルセイユ版」の誕生

貴族の遊具だった頃のタロットは、金箔《きんぱく》などの装飾を用いた豪華な細密画だった。「ヴィスコンティ・スフォルツァ・タロット」のカードでヴィスコンティ家の紋章も描かれているように、財力やステイタスを示すツールでもあったのである。ルネサンスの時代では、まず宮廷で流行《はや》った文化・芸術・習慣が「庶民」の間にも広がっていくのが通例で、タロットも例外ではなかったようだ。そして、１４９４年から何度か繰り返されたフランスとイタリアの戦争の過程で、ミラノやピエモンテなどからフランスに流入したタロットは、フランスの国内でも製造されるようになり、宗教改革が促進した木版技術の発達も手伝って、ドイツやスイス、ヨーロッパ各地に広まっていった。

民衆の間に伝播《でんぱ》したタロットは、様々な民間信仰やフォークロアの影響を受けながらデッキとしての形態を整えていく。17世紀から18世紀にかけて、カードゲームが盛んだったフランスで確立したのが「マルセイユ版」だ。「マルセイユ版」という名前だが、実際の発祥地は同じフランスでもリヨンで、後年、港湾都市でもあるマルセイユでタロット生産が盛んになったことから、この名前が定着したようだ。タロットカードは大流行し、パリやブザンソン、スイスやベルギーなどでも「マルセイユ版」とその派生型が作られるようになった。

マルセイユ版の「女帝」

この時期のタロットは、「貴族の遊戯」から「庶民の遊戯」の道具へと完全に転換していた。タロットを使ったカードゲームは賭け事とも結びつき、市井《しせい》の占いにも使われるようになる。18世紀には「タロットに教皇や女教皇が描かれることは、教会の権威を冒瀆《ぼうとく》することだ」として、教会側からこれらの絵札を排除する命令も出た。この命令に対抗して1777年頃にベルギーのフランドル地方で作られたのが、「バッカス版」などである。大衆化したタロットは18世紀後半には、〈上等なものだとはみなされない、田舎臭いものになっていたようである〉と『タロットの秘密』で鏡氏は書いている。

＊新たな展開、神秘主義との融合

タロットに新たな展開が生まれたのは、フランス革命前夜、1781年のことだった。フランス人学者アントワーヌ・クール・ド・ジェブラン（1725～1784）の大著『原初世界』の第8巻に掲載された2つの小論文（ひとつはド・ジェブラン自身、もうひとつはド・メレ伯爵の手によるもの）で「タロット＝エジプト起源説」が言及されたのだ。ド・ジェブランはスイス出身で、フランス国王から出版物検閲官に任じられた大学者。キリスト教の権威や封建主義的な社会制度が崩れつつあった時代、パリだけでなくヨーロッパ全体で、叡智の源流としてのエジプトブームが起きているところだった。そういう背景の中で、知人女性の家でゲームに使われていたタロットを見て、ド・ジェブランは「エジプトのものである」と「見抜いた」のだという。〈百科全書的精神と自由主義思想の持ち主で、フランス革命を準備した哲学者や経済学者の系譜に属している〉とリトアニアの美術史家、ユルギス・バルトルシャイティスの著書『イシス探求』で触れられているド・ジェブランは、友愛結社フリーメイソンの一員であり、神秘思想とも縁が深かった。

これがきっかけになって、タロットは神秘思想と深く結びついていく。ド・ジェブランやメレの「エジプト起源説」に影響を受け、タロットと占いを深く結びつけたのが、フランスの占い師エテイヤ（ジャン＝バプティスト・アリエッテ）（1738〜1791）。さらに19世紀に入ると、エリファス・レヴィ（1810〜1875）、ポール・クリスチャン（1811〜1877）、パピュス（1865〜1916）といったフランスのオカルティストによって、タロットは魔術の体系に組み込まれていった。

ユダヤの神秘思想であるカバラをタロットと結びつけたのは、詩人でもあったレヴィである。レヴィは大アルカナ22枚がカバラの象徴体系の中核となる22個のヘブライ文字に起因すると考え、さらにカバラの教義を図式化した「生命の樹」にもタロットを対応させた。〈「タロット」がなければ、古代人の魔術はわれわれにとって閉じられた書物も同然であり、「カバラ」の大秘密をなに一つ見破ることは不可能である〉とレヴィは『高等魔術の教理と祭儀』の中で書く。レヴィが最終的に求めていたのは、〈厳密に正確な、念入りに作ったタロットを版に彫らせて出版〉することだった。

＊魔術結社「黄金の夜明け団」と「ライダー版」

19世紀のフランスで始まったタロットの体系化はイギリスでさらに発展した。中心的な役割を果たしたのが、魔術結社「黄金の夜明け団」（ゴールデン・ドーン）だ。１８８７年に創設が呼びかけられ、１８８８年にロンドンに最初のテンプル（神殿）が設立された「黄金の夜明け団」には、詩人のW・B・イェイツや小説家のアルジャーノン・ブラックウッド、アーサー・マッケン、女優のフロレンス・ファーら、多数の著名人が参加していた。あまりにも個性の強いメンバーがそろっていたため内紛が絶《た》え

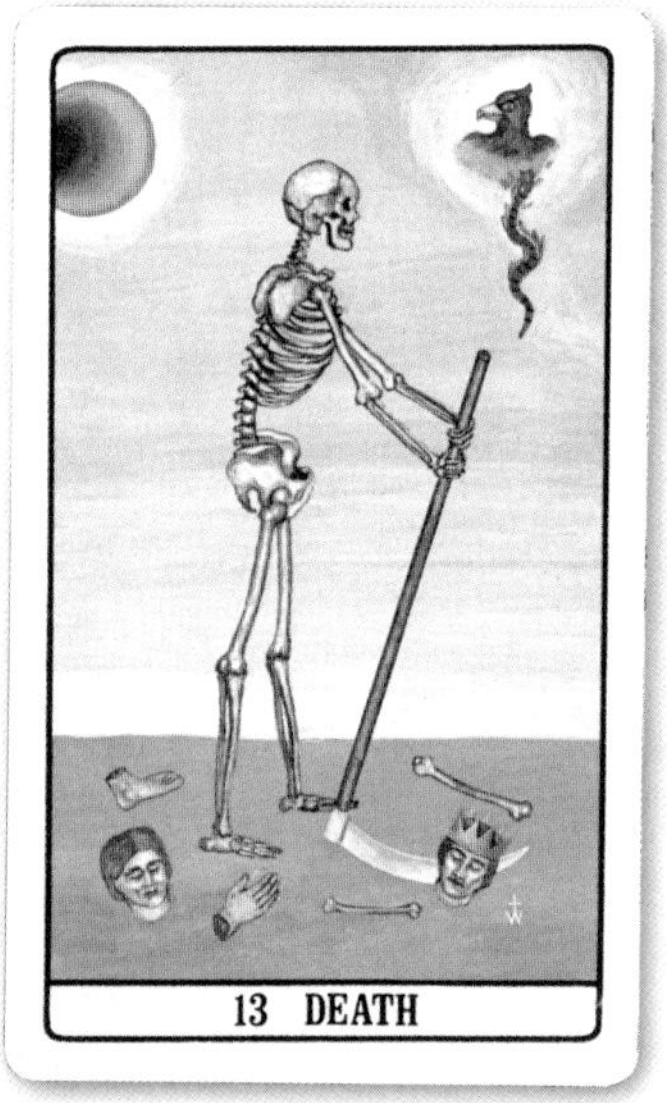

ゴールデン・ドーン・タロットの「死」

ず、20世紀初頭には3団体に分裂したが、「生命の樹」を中心に様々な神秘理論、神話などを体系化し、その後の神秘主義者たちに大きな影響を与えた。

「黄金の夜明け団」の教義の中で、タロットは宇宙の構造を示すモデルとして捉えられ、それを読み解くことで宇宙の真理に近づくことができる、と考えられた。「生命の樹」や占星術との体系化を進める中で、「黄金の夜明け団」はタロットそのものを改変することもした。Ⅷの「正義」とⅪの「力」のカードの位置を入れ替えたのである。後の時代になって「黄金の夜明け団」の「秘密指令書」に基づいて作られたデッキが「ゴールデン・ドーン・タロット」だが、この魔術結社の影響の下では、これ以上に大きな影響を与えた2種類のタロットデッキが生まれている。

そのひとつが、1909年に発売された「ライダー版」だ。監修したのは大英博物館で司書として勤務していた時に「黄金の夜明け団」の団員となったアーサー・

ライダー版の「愚者」

E・ウェイト（1857〜1942）で、絵を描いたのが、やはり同団の団員だった画家のパメラ・コールマン・スミス（1878〜1951）だ。このタロットを最初に出版したのがライダー社だったため、「ライダー版」の名前が付けられているが、近年は制作者2人の名前を取って、「ウェイト=スミス版」という呼び名も定着しつつある。大アルカナだけでなく、小アルカナも絵で表現したこのデッキは世界に広まり、20世紀のタロットのスタンダードになった。現在、タロット占いに使われるのは、主にこの系統のデッキである。

トート版の「吊された男」

もうひとつの重要なデッキが「トート版」だ。制作したのは「黄金の夜明け団」のメンバーとしてそのキャリアをスタートさせた「20世紀最大の魔術師」ことアレイスター・クロウリー（1875〜1947）。彼の指示のもと、画家のレディ・フリーダ・ハリス（1877〜1962）が絵を描いた。「ライダー版」や「マルセイユ版」を基にしながら、クロウリー自身の過激な思想をふんだんに盛り込んだ「トート版」はエネルギッシュかつエキセントリックな雰囲気を漂《ただよ》わせており、1960年代以降の「カウンター・カルチャーの時代」で若者たちの支持を集めた。特にハードロック／ヘビーメタル系のミュージシャンたちにファンが多く、オカルティックなステージで有名なヴォーカリスト、オジー・オズボーンは『ミスター・クロウリー』という曲を彼に捧げているほどだ。

＊ユング心理学の影響と「水瓶座の時代」

20世紀に入ってタロットの「発展」の中心は、徐々にヨーロッパからアメリカへと移っていった。この時代、ひとつのキーポイントになったのが、心理学者C・G・ユング（1875〜1961）の提唱した「集合的無意識」と「元型」の概念である。「集合的無意識」は個人の無意識のさらに下層にある、人類が普遍的に持っている無意識の領域。そこには国や人種を超えた普遍的なモチーフが存在し、だからこそそれが顕在化した神話や伝承は世界中で共通のイメージが存在する。そのモチーフをユングは「元型」と呼んだ。タロットの絵が象徴するものは「普遍的なイメージ」であり、その意味はいつの時代、どこの世界でも共通する。それは、タロットのシンボリズムが集合的無意識を反映しているからだ――。現代では、こういうタロット解釈が一般的になっており、個々の絵柄は元型と関連づけられる。

アメリカでのタロット受容の変化は1960年代後半、「カウンター・カルチャーの時代」になって加速化した。それまで「世界一の繁栄」を謳歌していたアメリカで、ベトナム戦争の泥沼化、人種差別、公害など、様々な問題が噴出し、「これまで社会を支えてきた論理や秩序が本当に正しいのか」という疑問が、若者を中心に頭をもたげてきたのである。

そこでもうひとつの鍵になるのが、占星術に基づく「水瓶座《みずがめ》の時代」という言葉である。地球の地軸は黄道《こうどう》に対して垂直ではなく、約23・4度の傾きがある。このため、地軸は首を振る形となり、約2万6000年の周期でひとつのサイクルを作る。天空を12星宮に等分すると、ある一定のポイントは、約2100年ごとに「星座を移動する」のだ。これに基づいて、「春分点」がどこにあるのかを考えると、それは約2100年前、イエス・キリストが誕生したころに「魚《うお》座」に入っていたのだが、20世紀後半から21世紀にかけて「水瓶座」に移動することになる。

この「春分点」の移動によって時代が変わる、というのが「水瓶座の時代」を主張する人々の考え方だ。世界はこれまでの宗教や秩序などから解き放たれて、よりグローバルな形での意識革命が起こる、という。カウンター・カルチャーが沈静化した1970年代以降も、西洋と東洋、既存の宗教を超越して自分自身にふさわしい生き方や「悟《さと》り」の方法を求める「ニューエイジ運動」へと、その思想はつながる。その後も、男性中心主義から社会を脱却させようとするフェミニズム、自然との共生を求める環境保護運動など、様々な形でその思想は広がっていった。

そういう価値観の揺らぎが、タロットの在り方にも影響している。ユング心理学的な解釈が一般化した現在では占いだけでなく、「深層心理を映し出すツール」としてタロットを使い、セラピーやカウンセリング的な働きを求める「リーディング」も一般化しつつある。タロットは「神秘主義の象徴」だけでなく、「自己啓発の手段」や「自分を見つめ直すツール」になりつつある。

コラム　タロットと数秘術

タロット理解の一助として、「数秘術」を説明しておこう。ここで「数の秘密」の説明をしてくれるのが、図案作家のイズモアリタさんだ。「美術展ナビ」で「愚者の旅 The Art of Tarot」を連載した際、ナビゲーターとしてタロットに関する様々な物事の解説・監修を担当したアリタさんは、「ヨーロッパには昔から数字に様々な意味やイメージを持たせる『数秘術』が伝わっていて、タロットもそれを踏襲しているんです」という。「数秘術」の創始者は、「ピタゴラスの定理」で有名なピタゴラス、それを哲学者のプラトンが受け継いで発展させていったとされる。そこにユダヤ教の神秘主義思想である「カバラ」や占星術が結びつき、「生命の樹」＝図1＝に対応させた、とても複雑な思想体系が構築されたわけである。

たとえば、ライダー版の「魔術師」のカードを見てみよう（42ページ）。魔術師の頭の上には、「∞」のマークが描かれている。「『1＝∞』とは何なのか」と思う方もいるのではないか。実はこれにも意味がある。

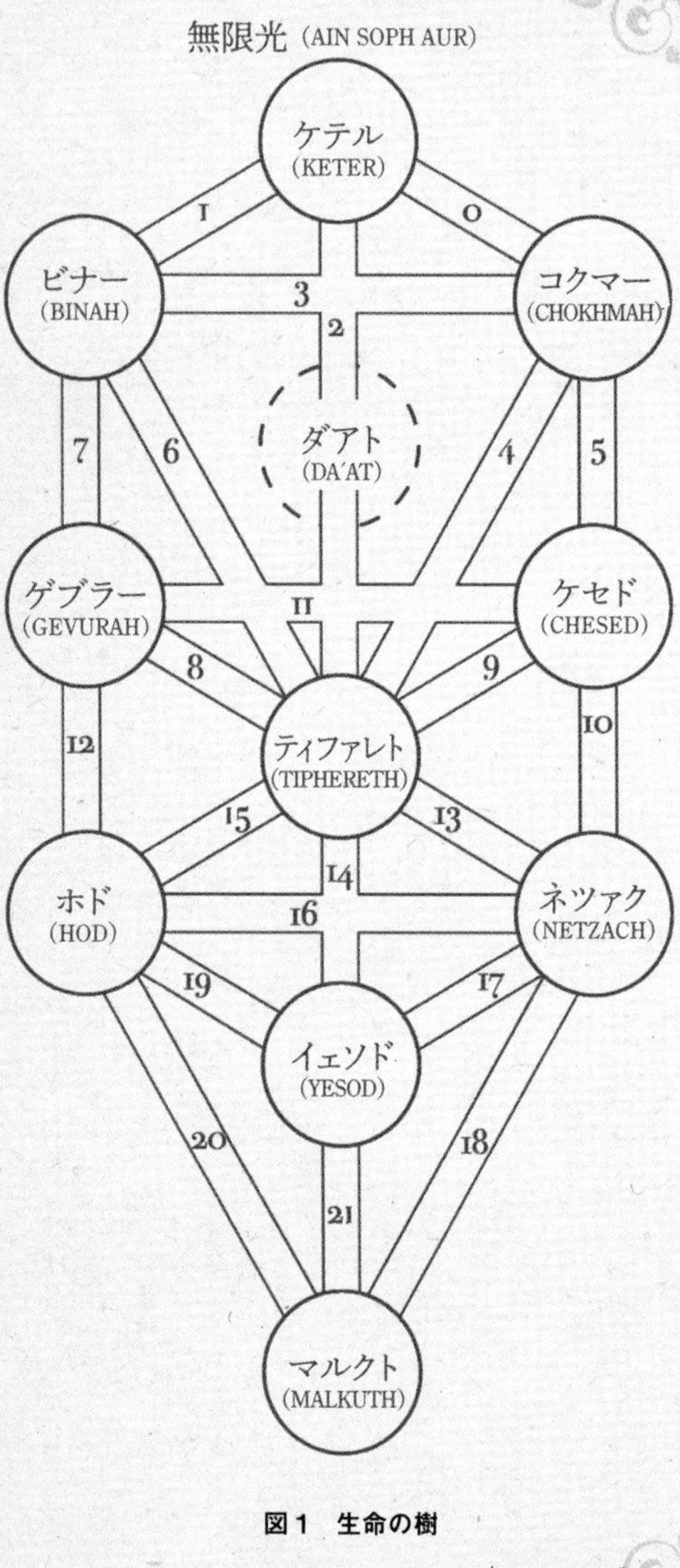
無限光（AIN SOPH AUR）
ケテル
(KETER)
ビナー
(BINAH)
コクマー
(CHOKHMAH)
ダアト
(DA'AT)
ゲブラー
(GEVURAH)
ケセド
(CHESED)
ティファレト
(TIPHERETH)
ホド
(HOD)
ネツァク
(NETZACH)
イェソド
(YESOD)
マルクト
(MALKUTH)
1
0
3
2
7
6
4
5
11
8
9
12
10
15
13
14
16
19
17
20
18
21

図１　生命の樹

「愚者」のカードのナンバーはゼロ、数字で描くと「0」である。これを図形で描くと「○」。「すべての可能性を秘めていて、それでいてまだ何も表現していない」宇宙卵のイメージだ。円は常に回転することができ、回転によってその形が変わることもないため、その円周上にある点の座標は特定されない。だから「すべてを内在するけれども、まだ何も表現していないのです」とアリタさんはいう。

この円をえいっとねじってしまうとどうなるだろうか。ねじったために、「座標が特定される」ひとつの点が生まれないだろうか。「つまり『○』→『∞』となるわけです」とアリタさんはいう。「あらゆる可能性」の中から「ひとつの可能性」を選び出したのが「1」。そこで物事が「始まる」。すべての物事を内包する「愚者＝○」が「地上に降り立った」ことで「魔術師＝∞」が特定され、そこからすべてが始まる、というのが「愚者の旅」としてのタロットの寓意なのである。

さらにいえば、その「∞」には、2つの「部屋」があることがお分かりだろうか。「○」→「∞」の作業を行なったため、「∞」にはひとつの特異点が生まれた。それは同時に、2つの「部屋」をも生んだわけである。「2つの要素が生まれたことによって、『天と地』『陰と陽』などの相対的な関係が生まれ、そこから『対立』や『調和』なども生まれてきます」とアリタさん。それが「2」という数の意味。そして「始まり」の1

図2「数の秘密」一覧表

	「生命の樹」との対応	数秘術的な意味
0		まだ何も始まっていない状態。すべての可能性がある。「宇宙卵」
1	ケテル（王冠）	物事の根源、始まり。「何かを生み出す機能」（マトリックス）がある
2	コクマー（知恵）	初めての分化。対立、調和などの相対的概念が生まれる。バランス
3	ビナー（理解）	1と2が合わさって、新たな生成が始まる。創造性、統合、最初の成功
4	ケセド（慈悲）	安定した基盤。世界のバランス。3で生まれた物事が明確な形を獲得
5	ゲブラー（峻厳）	積極性。よくも悪くも停滞した状況の打破。人間そのものの象徴
6	ティファレト（美）	調和。楽園。「神はこの世を6日間かけて作った」
7	ネツァク（勝利）	新たなる挑戦。6の状態から一歩踏み出す。飛躍
8	ホド（栄光）	4（安定）の2倍。力と解説。死と再生。1オクターブの音階
9	イェソド（基礎）	完全性。すべてを受容する寛容さ。帰納法的思考
10	マルクト（王国）	1と0との結合。完結。1つのサイクルが終わり次の段階が始まる

と「バランス」の2が合わさったのが「1＋2＝3」の「3」。だから、「3」は『創造性』や『最初の成功』という意味を持っています」とアリタさんは続ける。

この考え方に従うと、カードナンバー2の「女教皇」は、「天」あるいは「神」からの啓示を「下界」あるいは「人間たち」に伝える、という寓意で「上下の世界」の2項性が打ち出されており、ナンバー3の「女帝」は何かを生み出す「豊穣」の意味になっている。「数秘術」では１～９の「１ケタ」の数を「ルートナンバー」といい、それぞれに意味が持たされている。それと「生命の樹」のイメージはどんなふうに重なるのか。通説に従って、最大公約数にまとめてみた＝図２。

あくまでも「簡単にまとめた」表なので、いろいろ「なぜ」「どうして」が生まれてくるだろう。たとえば、「５」がなぜ「人間」なのか。「６」がどうして「楽園」なのか――。

「５」を図形にすると、五芒星《ごぼうせい》、ペンタグラムの形になる。「人間の姿に似ていると思いませんか」とアリタさんはいう。「６」は「△」と「▽」を組み合わせた六芒星、ヘキサグラム。「上向するエネルギーである『△』＝『火』と、下向するエネルギーである『▽』＝『水』が組み合わさった状態を示しています」とアリタさん。「火」と「水」が調和して安定しているから「楽園」なのだ。ついでにいうと「五芒星」を逆さまにすると、「サタンの顔」。大アルカナのXV、「悪魔」には、「逆さ五芒星」がしっかり描き込まれている。

「奇数」＝「アクティブで男性的」、「偶数」＝「安定感があって女性的」という原則にも従って、それらの幾何学的なイメージを組み合わせて生まれてくるのが、「数の意味」の基本なのである。

「ルートナンバー」の求め方

ここまでは、「1ケタの数字」、「ルートナンバー」の意味を説明した。では、「2ケタ以上の数字」はどのように解釈するのか。解決策は単純だ。2ケタ以上の数から「ルートナンバー」を導き出せばいい。それぞれのケタの数を足していって、最終的にそれが「ルートナンバー」になるまで続けるのである。

たとえば、「1995」という数字があるとする。それぞれのケタの数、「1」「9」「9」「5」を、まず足す。1＋9＋9＋5＝24で「ルートナンバー」にはならないので、さらに「2」と「4」を足し、2＋4＝6、つまり「6」を導き出す。こうすれば、どんなケタの数でも「ルートナンバー」が導き出される。

「11」であれば、「ルートナンバー」は「1＋1」で2。「奇数だが、2の要素を持つ数」ということになる。図2の「数の秘密」の一覧表をもう一度見ていただきたい。「2」の意味の中に「バランス」がある。それを「奇数」で活性化させることで、「安定からの再出発」というイメージが浮かんでくる。「トート版」のXI、「力」のカードを見てみよう（105ページ）。ここには「人間」と「獣《けだもの》」というある種「対立するもの」の融合が描かれている。『「2」』の中にある『対立や調和などの相対性』が奇数によって活性化され、それらが融合して『力』となる、という解釈ができますね」とアリタさんは話す。

さらに言えば、「2ケタの数」は「1ケタの数＝ルートナンバー」を足したり、かけたりすることでも表現できる。そこに「生命の樹」の要素を加えると、さらに複合的なイメージになる。「11」のカードでたとえるならば、「11＝10＋1」と考えることもできるわけだ。「ひとつのサイクルの終わり」を意味する「10」に「物事の始まり」である「1」を加えれば、「新たな出発」という連想は容易だろう。「愚者の旅」は「2周目」に入り、そのスタート地点が「力」のカードともいえる。

タロット解釈では、「×3」のかけ算もよく使われる。「3」には「創造性」「何かを生み出す」というイメージがあるので、「3倍する」という行為は、「もとの数の要素を増幅する」ことにつながる。たとえば「7」には図2の表にある「飛躍」に加え、キリスト教では「聖なる数字」というイメージがある。「神はこの世を6日間かけて作り、その後に休息された」からだ。「7×3」で導かれる「21」のカードは、「愚者の旅」の終着地でもある「世界」。「限りない創造性」のイメージであり、すべてを統合した「α（アルファ）であり Ω（オメガ）である」の寓意も出てくる。「興味深いのは、『人間』の寓意である『5』のカードの『×3』、『15』のカードが『悪魔』であることですね」とアリタさん。

これが何を意味するのかは、「悪魔」（124ページ）の項で詳述しよう。

以上が、「数秘術」での「数」の基本。これに加えて、現代の「数秘術」には様々な「発展形」がある。「ルートナンバー」のほかに、特別な数として「マスターナンバー」を設定することも一般的だ。「11」と「22」が、その「特別な数」である。「11」は「啓蒙のマスター」「霊感によるメッセンジャー」で、違う言い方をすると「魂の導きを促して「世界の問題を解決しようとする」者、という意味がある。「22」は「建築のマスター」で、「大きなプロジェクトを計画、実行するための想像力」。そういえば、「大アルカナ」の枚数も22枚なのである。このほか、数字とアルファベットやギリシア文字、ヘブライ文字を結びつける「ゲマトリア」というシステムもある。ひとつの例が、「ヨハネの黙示録」に出てくる獣の数字「６６６」。この数字をヘブライ文字に置き換えると「皇帝ネロ」になり、暗にこの暴君への批判を込めているという説もある。

「ルートナンバー」を求めたり、それを足したりかけてみたり。あるいは文字と対応させたり。「数秘術」の考え方は、現代の占いなどの基本にもなっている。

第2章

大アルカナと愚者の旅

0 愚者

The Fool

無垢、希望、無限の可能性……無知、未経験、無謀――「何者でもない者」である「愚者」は実はタロットの主人公？

*「最初であり、最後でもある」特別なカード

22枚の大アルカナの最初に紹介する「愚者　The Fool」。のっけから、ナゾの多いカードである。カードの上部、または下部にある番号を見て欲しい。**「ライダー版」**の「愚者」には「0」（ゼロ）が振ってあるが、**「マルセイユ版」**には何もない。それだけではない。デッキによっては、大アルカナの最後、22番目に位置づけられる。最初であり、最後であり、時には員数外にもなるカード、それが「愚者」なのだ。「マルセイユ版」には2枚の特殊なカードがある。ナンバーのない「愚者」と正規の場所に名前がない「死神」だ。この2枚こそが、タロットの秘密を解き明かすためのカギなのかも――。

ナンバリングの外にある「愚者」、それは「タロットが象徴するすべての物事を超えた者＝何者でもない者」であり、〝ナンバーの呪縛〟から解き放たれた者でもある。だからこそ、「タロットは愚者が経験する旅」という、本書のような解釈も生まれるわけだ。「何者でもない者＝無垢な存在」である愚者が旅をして、1番から順に経験を積んでた

マルセイユ版

ライダー版

どり着くのが21番、「世界 The World」なのだ、と。そこでひとつの旅を終えた後、彼は再び「呪縛から離れた者」となり、次の旅へと臨《のぞ》むのだ、と。その「旅」で紡《つむ》ぐ物語、繰り広げられる「世界」の出来事は、実は愚者自身が見ている夢なのだ、と。

だから、「The Fool」という名前にも様々な寓意があり、そのどこを強調するかでカードの絵柄も大きく変わってくる。大体のイメージは「袋と杖《つえ》を持ち、鈴を身につけており、イヌのような獣を連れている」というものだが――。では、袋の中には

ゴールデン・ドーン・タロット

ギリシア神話の「パンドラの箱」のように希望や絶望が詰め込まれているのだろうか？　鳴り響く鈴の音は、これからの旅で愚者が経験する輪廻転生《りんねてんしょう》の数を示すのか？　イヌのような獣は愚者の「味方」なのか、それとも「敵」なのか？　どこをとっても疑問だらけなのである。何はともあれ、まずはそれぞれのデッキの絵柄を見てみよう。

「The Fool＝オロカモノ」のイメージを強調しているのが、「ライダー版」だ。ここで描かれる「愚者」は、太陽の下、能天気な顔をした若者。上を向いて踊るように歩いている。だけど、そこは崖っぷち、危険がそこまで来ているのに気付いていない。いかにも「未経験な」「オロカモノ」だ。お供の獣は「危ない」と注意を喚起しているようにも見えるし、一緒になって騒いで、若者を煽《あお》っているようにも見える。この「ライダー版」とまったく逆の姿を見せているのが、魔術結社「黄金の夜明け団」の教義に則《のっと》って作られた**「ゴールデン・ドーン・タロット」**だ。そこに描かれているのは、「無垢＝Innocent」という言葉がぴったりの幼児。その姿からは、「無知の知」という哲学的な言葉も浮かんでくる。

＊ジョーカー？　道化師？……多様な解釈

もともと「愚者」には「正気を失った人」という意味もあったらしく、それが強く打ち出されているのが、**「マザーピース・タロット」**（168ページコラム参照）。なるほど、ここでの愚者は、変なキノコを食べてラリっているようだ。トランプのジョーカーとの関連も指摘されるが、それが明記されているのが、『パタリロ！』などでおなじみ、漫画家・魔《ま》夜《や》峰《みね》央《お》氏の描いた**「魔夜峰央タロット」**。このほかにも、社会からドロップアウトした酔っ払いのおじさんみたいだったり、サーカスに登場する道化師のようだったり、まだまだ数

マザーピース・タロット

魔夜峰央タロット

多くのパターンの絵が存在する。

ちなみにタロットを「愚者の旅」と解釈する時に、よく引き合いに出されるのが『旧約聖書』続編「トビト記」の「トビアスと天使」の物語だ。無垢で未経験な少年トビアスは、父親トビトの命令で貸金回収の旅に出る。同行するのは、トビトの祈りに応《こた》えて神が遣《つか》わした大天使ラファエル（が姿を変えたアザリアという青年）。トビアスは、アザリアや他の年長者の助言に従って行動し、貸金を回収して戻り、光を失っていたトビトの目を治す。さらに、旅の途中でよき伴侶まで見つけてくる。つまり、トビアスは旅をすることによって、一人前の大人へと成長するのである。ルネサンス期に描かれた宗教画を見ていると、白いイヌを連れ、魚を手に持ち、何だか頼りなさそうな旅を始めたばかりのトビアス少年が、愚者のイメージと重なる。もうひとついえば、大天使ラファエルの姿は14番のカード「節制」に似ている。

カードの絵に戻ろう。「マルセイユ版」に描かれている純朴そうな若者は右手に杖を持ち、イヌのような獣を連れている。「ゴールデン・ドーン・タロット」の幼児は、木になった果実を取ろうとしている。それを獣はじっと見守っている。「これを食べなよ」と勧めているのだろうか？　だとすると、この獣はアダムとイブにリンゴを食べさせた「楽園の蛇」的存在だが。そう解釈すると、「マルセイユ版」の獣も、何だか悪さを仕掛けているようだ。原罪、カルマ（業）、楽園からの追放。そんなイメージも漂ってくる。

フィリッピーノ・リッピ作《トビアスと天使》（ワシントン・ナショナル・ギャラリー蔵）

良い意味で取れば「希望」、「無限の可能性」。悪く取れば「未経験」、「無謀」。占いでは、そう解釈される「愚者」。いずれにしても、それはまだ何も始まっていない「まっさら」な状態であり、「すべての原点」だ。その「愚者」の夢の中にいて、これから一緒に旅をしていくのが、タロットを手に持つあなたやわたし……なのかもしれない。

I 魔術師

The Magician

すべての発端、若さ、技術、創造性……未熟、
うさんくさい、こざかしい——才能はある
けど思慮が浅いのが「魔術師」

＊若くて可能性はたっぷり。ただし、まだまだ経験は足りない

22枚の絵札、大アルカナで示される「愚者の旅」。世界の理の外からやってきた「愚者」が地上に降りた時、まずはどんな姿に身を包んだのか。タロットが指し示すのは、「ナンバー1」のカード、「魔術師＝The Magician」である。

マルセイユ版

どこからかやって来た若者が街角に三本脚のテーブルを置き、何やら道具を使って行き交う人に不思議な技を見せている。「ふつうの人々」にとっては見たこともないような技術の数々。だけどそれは、どこかいかがわしく人を騙《だま》そ

マザーピース・タロット

うとしているようにも見える……。**「マルセイユ版」**から連想されるイメージが、「魔術師」の解釈の基本といっていいだろう。大道芸人？　露天商？　そんな職業のイメージとも重なってくる。どこからか来て、どこかへと去って行く。民俗学者・折口《おりくち》信夫《しのぶ》氏のいう外部から来る「神的な」来訪者、「マレビト」のイメージも「魔術師」にはある。

「何者でもない存在」、つまり「すべての物事を超越した者」が「地上に舞い降りた」。そんな文脈からは、「神秘的なあの世」と「この地上の世界」をつなぐ「シャーマン」のイメージも導き出される。それが強く打ち出されているのが**「マザーピース・タロット」**。ヒョウ柄の上下を着た若者（女性？）は、まるで世界的なロックスター、ミック・ジャガーのようだ。「獣の世界」と「人間の世界」を自在に行き来できるマジカルな存在、神話や伝説の中で突拍子もない行動をして世界をかき回す「トリックスター」のようにも見える。

赤、茶、グリーン、ゴールド、背景の4色は、「火」「土」「水」「風」の四大元素を象徴し

ライダー版

ているのだろうか。

「ライダー版」の「魔術師」の頭の上には、「∞」のマークがある。「1」というカードの中にこの記号が置かれていることは、タロットがコラムで説明した数秘術の理とともにあることを示している。そう考えると、「マルセイユ版」の「魔術師」のかぶっている帽子も、同じに見えてくる。

「トート版」に至っては、「魔術師」（ここでは、「The Magus＝魔術師」の名前がクロウリーによって与えられている）は何を考えているのか分からない、この世の者でもあの世の者でもなさそうなトリッキーな若者だ。「マザーピース・タロット」のロックスター以上にトリ

トート版

ックスター的なのである。未知なるものとこの世界をつなぐ存在ではあるのだが、それは何だか得体《えたい》がしれないし、何となく「お調子者」ではないか、とさえ思ってしまう。占いで使われる際、「魔術師」のカードには、「発端」「若さ」「創造性」「才能（技術）」があるというプラスの意味とともに、「まやかし」「未熟」「こざかしい」「思慮が浅い」というマイナスの要素も含んでいるのだが、さもありなん、という感じである。

＊世界を操る技術を「知っている」？

「魔術師」がテーブルの上に並べているのは何なのだろう。もう一度、「ライダー版」を見てみよう。そこにあるのは、「火」を象徴する棒、「風」を意味するナイフ、「水」を入れておく聖杯、「土」を想起させる金貨である。そう、それは、古代ギリシアの時代から世界を構成するといわれる四大元素の象徴であり、56枚の数札である「小アルカナ」のマークそのものだ。つまり、「魔術師」は世界を操る技術を「知って」おり、手に持ったロッドでそれを人々に見せているのである。ただ、そこには「『魔術師』は『道具』を使わないと能力を発揮することができない」という意味もあるようで、だからこそ彼は「自力ではまだ『世界の真理を知る』境地には達していない」未熟者という解釈もできるのである。「マルセイユ版」で描かれる三本脚のテーブルはいかにも不安定。「成熟」とか「安心」にはほど遠い。

タロー・デ・パリ

では、その道具はどこから来たのか。どうやら、それらは「愚者」が持っていた袋の中にあったという説がある。だとすると、フランス、パリで作られたデッキ**「タロー・デ・パリ」**の絵の下の方にいるイヌも、「愚者」のお供だったヤツなのかな。このカードの「魔術師」たちは袋の中から出てきた道具の使い方を色々と試しているみたいで、何人もかかって「世界を操る」技術を研究しているようである。「0」である「愚者」は「何者でもない存在」なのだが、「すべての可能性を持っている」。それが「始まりの1」である「魔術師」にゲームでいう「スターター・キット」を与えているのだ。

「ゴールデン・ドーン・タロット」の「愚者」を思い出していただきたい。旧約聖書のアダムとイブの物語のような「楽園」にいた幼児は、知恵の実なのか生命の実なのか、何か分からない木の実を食べようとしていた。その結果、彼は神の手によって、「楽園」から「この卑《いや》しき地上」へと旅に出されたわけである。ただし、「無垢な者」だった「愚者」は裸で放り出されたわけではない。先ほど挙げた世界を構成する四大元素、「火」「土」「水」「風」を扱う「道具」を与えられて、少しばかり準備が出来た状態でこの世界にやって来たのだ。そして彼は、街角でその技術を見せながら人々の間に溶け込もうとしているのだろう。

地上に降り立った「魔術師」はそうやって今、街角で自分を磨《みが》いている。まだまだ未熟だし、少しお調子者のきらいはあるけれど、取りあえず「愚者」は「旅」の一歩を踏み出した。自分に何ができるのか、これから何を経験するのか。まだまだそれはよく分かっていないから、少し不安ではあるけれども——。

II 女教皇

The High Priestess

敬虔、清純、知恵、芸術的な直感力、先を見通す力……うぬぼれや冷たさ、若さによる未熟さ――「女教皇」は美しく神秘的な女性

＊存在しなかった「女教皇」。なぜカードに？

22枚の大アルカナで表現される「愚者の旅」。無垢な存在だった「愚者」が地上に降りた最初の姿が「魔術師」だった。ここで彼（彼女？）が手に入れたのは「技術」。では、次に経験することは何なのか。そこで登場するのが、「女教皇　The High Priestess」である。

このカードもまた、不思議な存在だ。カトリックの歴史上、「教皇」になった「女性」はいないからだ。では、その「存在しなかった」女性を、なぜ絵柄にしたのだろう。そこに「女教皇」のナゾを解くカギはありそうだ。

もちろん、カトリックの歴史の中で、「聖女」はたくさんいる。京都の聖アグネス教会に名前を残している聖アグネス（291〜304）もそうだし、あのジャンヌ・ダルク（1412?〜1431）もそうだ。そんな聖女たちの中で最も「女教皇」とイメージが重なるのは、12世紀、神聖ローマ帝国で尊敬を集めた「ビンゲンの聖ヒルデガルト」ことヒル

デガルト・フォン・ビンゲン（1098〜1179）だろうか。ドイツ薬草学の祖ともいわれるこの女性は、40歳の時に幻視体験をし、「女預言者」と見なされた。その体験を記した書物や絵に加え、宗教的な戯曲を書き、それを彩る音楽を作詞作曲した、「中世ヨーロッパ最大の賢女」とも呼ばれる女性である。伝説上の存在としては、男装して修道院に入り、教皇にまで上り詰めた女教皇ヨハンナ（ジョーン、ジョアンともいう）がいる。この男装の聖女は、荘厳な行列の途中で何と赤ん坊を産み落としてしまった、とされている。

「預言者」であり「知識」を持つ者であり、「アーティスト」の側面も持つ「女性」。その手には「トーラー（TORAH）」という巻物を持っている。それは、「タロット」の古い呼び名「タロー（TAROH）」の文字を並べ替えて出来る言葉、つまり「アナグラム」になっている。

実は「トーラー」とは、旧約聖書の最初の5書である「モーセ五書」のことだ。なぜ彼女はそれを持っているのか。それは、「神から知恵を授《さず》かった」という意味とともに、「その書物にはタロットの秘密が記されている」ということを指しているのかもしれない。

彼女は、その書物に書かれた「知恵」やそれが生み出す「直感」を世界に伝えることを託された者なのだろうか。そう考えると、巫女《みこ》のイメージも「女教皇」には加わる。**「マルセイユ版」**の女教皇は、膝の上で本を開いているが、これは聖母マリアを連想させる。〈「受胎告知」の絵においても、処女マリアは同じように開いた本を持った姿で描かれる

ゴールデン・タロット

マルセイユ版

ことが多い。マリアが持っているのは預言の書であるが、その書物は彼女が神の御子を身ごもる運命にあることを予告している〉と、英文学者であり、ユング派の分析家だったサリー・ニコルズの『ユングとタロット』に書かれている。確かに**「ゴールデン・タロット」**の女教皇には神の子を授かりそうな雰囲気がある。エジプトの女神、イシスと関連づける説もある。ユングが元型のひとつに挙げる「アニマ」。男性の理想像としての神秘的で美しい女性のイメージとも重なる。

＊「魔術師」と「女教皇」はセットの存在？

そんな「女教皇」は、Ⅰの「魔術師」とペアの存在になっているようにも見える。「魔術師」が「男性」ならば「女教皇」は「女性」、「魔術師」が会得しているのが「技」ならば「女教皇」は「知恵」、どことなく「いかがわしさ」がある「魔術師」に対して、あくまで**「ヴィスコンティ版」**などの「女教皇」からは「敬虔《けいけん》さ」が感じられる――。ユダヤ教の神秘学「カバラ」から流れる西洋の数秘術の伝統には、奇数はアクティブで行動

ヴィスコンティ版

ライダー版

ドリーミング・ウェイ・タロット

的、偶数には受動的なイメージがある。さらにいえば、韓国系アーティスト、クォン・シナが描いた**「ドリーミング・ウェイ・タロット」**でも**「ライダー版」**でも、「女教皇」のカードには月が描かれている。太陽の光を反射してこそ、初めて輝くことができる月。そこからも、受動的なイメージが漂ってくる。「ライダー版」では、彼女の後ろのタペストリーに、「男性性」を象徴するシュロと「女性性」の象徴のザクロが意匠化されている。「女教皇」という歴史上はいなかった存在に託された「男性性」と「女性性」。「愚者の旅」は、双方を経験してこそ意味があるのだろう。

逆にいえば、「魔術師」と「女教皇」で共通するのは、「若い」ということである。ポジティブに考えれば、そこに「将来性がある」のだが、マイナスに取れば「未成熟」であり、「経験不足」。だから、「女教皇」は神経質で厳しくて、思い込みが強いという要素もある。クレバーだけどちょっと冷たく見える。潔癖でちょっと近寄りがたい。自分が信じる真理を人々に伝えるため、ストイックに振る舞っている。20世紀中盤、若くして亡くなったフランス人哲学者、シモーヌ・ヴェイユ（1909〜1943）の雰囲気……。何となく思いませんか？　強烈なカリスマ性を振りまいている経営者や芸術家、あるいは学者や哲学者、その隣にいる若い優秀な女性秘書、カリスマの知恵を忠実に守り、その言葉を大衆に広めようとしている、とても献身的な存在――。そんな雰囲気も「女教皇」には、ちょっとある。

「技術」と「知恵」や「直感」を学んだ「愚者」。まだまだ習熟度は足りないし、自力で歩き始めてはいるけれども、とても独り立ちをしているとはいえそうにない。「魔術師」と「女教皇」のカードをセットで見ると、そんな寓意が伝わってくる。とはいえ、「無垢なる存在」だった「愚者」は、この世界で着実に経験を積んでいるようだ。

Ⅲ 女帝

The Empress

豊潤、多産、創造性……過保護、家庭崩壊
――すべてを生み出し、包み込む「大いなる母」のような存在

＊「女帝」は「大いなる母」

「技術」と「知恵」と「直感」を学んだ「愚者」。次のカードは「女帝　The Empress」である。「女教皇」とか「女帝」とか、何だかエラそうな人ばかり出てきて、あまりテクテク歩いて旅しているようには見えないなあ。そんなことを思う方もいらっしゃるかもしれない。でも、よく考えてみよう。この「愚者の旅」はゆったりと名所旧蹟をたどるような、のどかなものではない。Ⅰの「魔術師」からⅣの「皇帝」まで、人物を表すカードが続いているが、これは「地上に降り立った愚者が、人間世界の色々なシチュエーションを経験している」と解釈できるのである。たとえていえば、「ロール・プレイング・ゲームの中で、主人公が様々なジョブチェンジをして経験値を上げている」という感じだろうか。未成熟な若者がオトナへの階段を上っている、自分探しの「心の旅」をしている。そんな受け取り方をした方がよさそうだ。

さて、その「女帝」のカードからもたらされるイメージは、どのデッキを見ても「豊《ほう》

ドリーミング・ウェイ・タロット

マルセイユ版

潤《じゅん》」「多産」「創造性」といったところだろうか。数秘術に沿っていうと、「1」は男性性を表す奇数であり、さらに物事の始まりをも示している。それに、受動的な女性性を表す偶数の「2」を足した数が「3」。なので、「3」からは「何か新たなものを創り出す」というイメージが浮かびあがってくる。**「マルセイユ版」**の「女帝」は、手に持った錫《しゃく》を自分の子宮に向けているように見える。**「ドリーミング・ウェイ・タロット」**では、もっとストレートに妊娠している若い女性の姿が描かれている。

いずれにしても柔和で幸せそうな雰囲気だ。それはカードの色を見ても明らか。ストイックなイメージが伴う「女教皇」のカードが青色系の寒色を使っていることが多いのに対し、「女帝」は黄色などの温かみのある色が多い。黄色といえば、農耕の神、豊穣をもたらす古代エジプトの女神イシスのイメージカラー。そう考えると、イシスと「女帝」のイメージが重なってくる。実は、**「トート版」**を作った〝20世紀最大の魔術師〟ことアレイスター・クロウリーの『トートの書』や**「ライダー版」**を作ったA・E・ウェイトの解釈では、「処女のまま、ホルスを身ごもった」イシスは、まずⅡの「女教皇」と関係づ

トート版

ライダー版

けられているのだが。

〈女教皇はベールを被ったイシスであり、女帝はベールを脱いだイシスである〉。「ライダー版」のタロット解釈の〝教科書〟といわれる『皆伝タロット』でこう書くのは、アメリカなどで「タロティストの母」と呼ばれる、イーデン・グレイ。その「ライダー版」の「女帝」は豊かな自然の中、ゆったりとしたワンピースを着て、豪華な椅子で寛《くつろ》いでいる。イシス神の頭の上には、「王権」を示す玉座が描かれているのが通例だ。〈女教皇が宇宙の潜在意識の未開な状態を象徴しているのに対し、女帝は、潜在意識が核になる考えを自意識から得た後に生じる、生産的で生成的な活動を表している〉とも『皆伝タロット』では書かれている。「女教皇」は「聖処女《ヴァージン》」なのであり、「女帝」は「聖母《マドンナ》」である、ということなのだろう。そこには「愛の女神」であるヴィーナスの姿も重なってくる。

＊「大いなる母」のイメージ。いいことばかりなの？

カードの下に何となくエスニックな女性の姿が描かれている**「マザーピース・タロット」**を見ても分かる通り、「豊穣」を「母性」と結びつけ、「母性」＝「大地」＝「自然」というイメージを女神に託す信仰は世界中のどこにでもあった。頭の隣に縄文時代の土偶の地母神《ちぼしん》のような意匠がある「マザーピース・タロット」には、特に脱キリスト教的で、世界のどこでも受け入れられそうなイメージが持たされている。紙面の都合でここでは紹介しきれないが、たとえば、膝の上に赤ん坊をのせてあやしている母親の姿を描いたカードもある。「女帝」とはすべての命を慈《いつく》しみ、大きな愛で包み込む「グレートマザー」＝大いなる母」なのだろう。

マザーピース・タロット

ただ、すべてを包み込む母性である「グレートマザー」には、だからこそのマイナス面もある。ユング心理学の「元型」に基づいていうと、「大きな愛で子供を慈しむ」グレートマザーは、逆に「子供を束縛し、自分の中にのみ込んで破滅させてしまう」危険性も持っている。分かりやすくいうと、過保護な教育ママになりがちなのである。自分の子供を愛し過ぎるために、他者の子供を犠牲にしてしまう鬼子母神《きしもじん》のような存在も、神話やフォークロアの世界には多数存在する。

頭に王冠を載き、手には高貴な立場を象徴する錫を持っている「女帝」。それは「グレートマザー」であるからこそ、「気を付けなければならない、わきまえなければならないこともある」と示唆《しさ》しているようだ。リーディングでも占いでも、タロットカードには「正」と「逆」の位置がある。世界には、「表」もあれば「裏」もあるのだ。

とはいえ、「無垢なる者」の「心の旅」は、今のところ順調に見える。豊かな自然のもと、ゆったりとした環境で心身を育《はぐく》み、新たな生命を生み出そうとしているのだから。Ⅲの「女帝」と次のカード、Ⅳの「皇帝」とは、これもまた、色々な意味で対《つい》になっているところが多い。それがどういうことなのかは「皇帝」の項で深掘りしていくことにしよう。

Ⅳ 皇帝

The Emperor

権力、秩序、安定、雄々《おお》しい生命力……独善的、弱者を虐《しいた》げる、筋肉脳──威厳と自信に満ちあふれたリーダー

＊「世俗の権力」「偉大なるリーダー」、それが「皇帝」

「魔術師」「女教皇」「女帝」と人生経験を積んできた「愚者」は「皇帝 The Emperor」にたどり着いた。秩序と権力を手中に収め、威厳と自信に満ちあふれているリーダー的な存在だ。「女帝」が「母性」の象徴だとすれば、「皇帝」は「父性」の象徴。「自然の豊かさ」を「女帝」が表しているとするならば、「皇帝」は「世俗の権力」を示す。いずれにしても両者のカードを並べてみると、色々と面白いことが見えてくる。

両者の比較がしやすいように、

マルセイユ版

それぞれ**「マルセイユ版」**を見てみよう。まず気がつくのは、視線の違いである。少し右を向いている「女帝」と思い切り左を向いている「皇帝」。両者の見ているものは何なのだろうか。「母性」と「父性」をそれぞれ届けようとしている先に、人間世界があるようにも感じられるのだ。さらにいえば「女帝」が左手側に持っている盾、「皇帝」の右側に置かれている盾、双方にワシの絵が描かれている。これもそれぞれがお互いの視線が交差するように右、左を向いている。そして、女帝のワシはオス、皇帝のワシはメス、といわれている。女帝が錫杖《しゃくじょう》を持てば、皇帝も宝珠の付いた杖を持つ。権威と品格がありそうな冠をかぶる女帝に対し、皇帝は兜《かぶと》をかぶって現実的な武力を強調しているようだ。

トート版

　このように、この2枚のカードには、様々な「ペア」が出来ている。**「トート版」**では、「女帝」のカードを青基調、「皇帝」のカードを赤基調で作っており、さらに対照性が強調されている。考えてみれば、本来、「男性的」な奇数のⅢが「女帝」になっており、「女性的」な偶数のⅣが「皇帝」になっているのも、不思議なところである。ひょっとすると、先ほどのワシも含め、この2つのカードでは、「男性」と「女性」のイメージが意識的に交錯されて作られているのではないだろうか。

＊「男性性」と「女性性」の混交、それが意味するものは？

「男性性」と「女性性」の混交。それが暗示するものは何か。男性の中にも女性的な要素があり、女性にだって男性的な要素がある。それが人間なのだ、という哲学的な考察なのか。それともフランスの文豪、オノレ・ド・バルザックの小説『セラフィタ』に登場する男と女、両方の性を持つセラフィタ＝セラフィトスのような、アンドロギュノス（両性具有者）的なトリックスターなのか。「男性」と「女性」の双方がペアになってこそ、「真理（悟り）」にたどり着けるという密教的な思想なのか。フェミニズムの影響が強い**「マザーピース・タロット」**の「皇帝」には乳房の膨《ふく》らみがあり、カードに秘められた「女性性」を強調しているように見える。

ただひとつ、「皇帝」にあって「女帝」にないのは、足を組んでいるというポーズだ。

マザーピース・タロット

両足の形は「4」の数字のようにも見える、特に「トート版」では明らかだ。「4」には古くからとても重要な意味がある。前述のように古代ギリシアでは、世界は「火」「土」「水」「風」の四大元素で構成される、と考えられていたし、世界を旅するときに指標となるのは、東西南北の方角。1年の間には春夏秋冬の四季がある。つまり「4」は、世界全体の秩序を示しているとも考えられるのである。「皇帝」が組んだ足は、キリストが架けられた十字架のようでもあり、木星の惑星記号（♃）のようでもある。天動説では月と太陽を除いて太陽系の4番目の惑星となる木星（地球はカウントされないので）の英語名はジュピター、ローマ神話の最高神だ。**「ヴィスコンティ版」**の皇帝はご丁寧にも4人の従者（？）を従えており、「世界の覇者」というイメージを倍加させている。

「グレートマザー」である「女帝」がともすれば、「過保護な教育ママ」や「鬼子母神」になるおそれがあるように、「大いなる指導者」である「皇帝」にもマイナスな面がある。権力、地位を意識するあまり、独裁者になってしまう危険性を秘めているのだ。あまりにも「皇帝」に力が集中してしまうため、「選ばれし者の孤独」に陥る可能性もある。秩序を守り、世界を導く力を持った存在だからこそ、弱者を虐待するような行為、偏狭《へんきょう》な価値観から来る専横的な行為は慎まなければならない。

〈ここまで私たちは、無意識的な性質をもった原始的《プリミティブ》な世界をとり扱ってきたが、今まさに意識化した男性からなる文明化された世界に足を踏み入れることになる〉。サリー・ニ

ヴィスコンティ版

ライダー版

コルズは『ユングとタロット』の中で、「皇帝」のカードをこう位置づける。「女帝」が支配しているのは、誕生、成長、衰退という自動的なサイクルを伴った〈非言語的で母権的な〉世界であり、〈私たちの思考やエネルギーを秩序づけ、それらを実際的な方法で現実へとつなげていく〉のが「皇帝」だと、サリー・ニコルズはいうのである。画家サルバドール・ダリが描く**「ダリ・タロット」**の「皇帝」は、まさにそのイメージ通り。正面を力強く見据え、論理と秩序で世界を支配しようとしているようだ。

ダリ・タロット

「ライダー版」の「皇帝」が持っている杖は「アンク」といい、生命の象徴とされている。黄道十二宮の中では、「牡羊《おひつじ》座」に紐付《ひもづ》けられる「皇帝」のカード。未熟だった「愚者」もて、立派な大人に育ったものだ。さて、人として成長を遂げたその「愚者」は、次にどこへと向かうのか――。

V 教皇

The Hierophant

敬虔、崇高、精神的なサポート、よい助言……偏狭、迷信、価値観の見直し――神と人との間に立つ崇高な存在

＊「愚者」は社会への一歩を踏み出す

「無垢なる者」だった「愚者」は人間社会で様々な経験をして、立派な大人へと成長した。これから彼は何をすればいいのか。そこで示されるのが、この「教皇 The Hierophant」である。このカードは、これまでのカードと何が違うのか、そしてそれにはどんな意味が込められているのか――。

「ライダー版」を見ても、**「マルセイユ版」**を見ても、まず目に付くところがある。「教皇」は「説法」をしているのだ。これまでのカードを思い出してみよう。「主

ライダー版

マルセイユ版

役」である「女教皇」や「皇帝」はカードの中央に常にひとりでいた。たまに動物を連れていることはあったけれど、他人とコミュニケーションを取っている様子は描かれていなかった。「教皇」となった「愚者」はひとりでの「経験値上げ」の旅を終え、より広がりのある社会へと一歩足を踏み出したといえそうだ。

では「教皇」とはどんな存在なのか。中世ヨーロッパのカトリック社会では、地上における最高の権威者はローマ教皇だった。各地を統治する「皇帝」や「王」の権威は、その地域だけのもので、さらにいえばそれは世俗の出来事に対する支配権であった。ローマ教皇こそが世俗を超越した存在であり、全世界の精神的指導者、各国の「王」や「皇帝」の上位に立つ権威があったのである。

キリストが流した血の色を示す「カーディナル・レッド」の法衣をまとい、「父と子と聖霊」の「三位一体」を表す三重冠を身につけた教皇は、「キリストの代理人」そのものに見える。手に持っているのは三重の十字。背後には、教えの堅固さを示すのだろうか、がっちりとした柱が2本立っている。「5」は、前にも書いたように「数秘術」では人間や人間性を象徴する数字だ。同時に「水星」「知性の支配者」という意味もある。とにかく神々《こうごう》しく、力強い存在だということが見て取れる。

その前にいる2人の男性（?）は、そのいでたちからして弟子、もしくは聖職者なのだろう。まるで双子のようにそっくりの格好をしている。

エル・グラン・タロット・エソテリコ

違うところが2つあって、ひとつは身につけている衣裳の色。もうひとつは、右側の弟子が教皇の持っている杖を間近に見ている（触れている?）のに対し、もうひとりはその杖から無縁の所にいることだ。つまり、右側の弟子が直接教皇の教えを受けているのに対し、左側の弟子は話を聞いているだけのように見えるのだ。それは

「内なる想起」と「外からの解釈」、そんなことを暗示しているようにも見える。スペインで作られた**「エル・グラン・タロット・エソテリコ」**の教皇は「右」を指しており、天上からのサインを自らの手で伝えているように見える。「マルセイユ版」の教皇も明確に「右」に顔を向けている。「教皇」の教えは、直接そこに触れているカトリック社会はもちろん、それを伝え聞くだけの他世界にも及ぶということなのだろうか。彼らが双子に見えるのは「人類はみな兄弟」というメタファーなのか。

＊神と人間世界の媒介者。優秀なリーダー

いずれにしても成長した「愚者」は弟子を持つまでの存在になった。修行途中の「女教皇」のようにわざわざ手に「トーラー」を持つ必要もなく、自らの口で法を伝授し、人々を導くことができる。「女教皇」が「秘教的な」存在なのに対し、「教皇」はより広い人々を対象にしているのである。背後にある2本の柱は、彼がいるところが神殿であることを示しているのだろう。神と人間世界の媒介者、人間世界の優秀なリーダー、そういうイメージは、**「マザーピース・タロット」**でさらに強調されている。背後には山々からの雪解け水が作った美しい湖がある。それは、「宇宙の知恵」を象徴しているのだろう。背後に「剣の男」、つまり世俗の権威をも背負った「教皇」は、多くの「迷える民」を前に、教え

マザーピース・タロット

を説いている。「迷える民」たちは、一心にその存在を崇《あが》め敬っている。

ただ、ひとつ気になることがある。「教皇」のカードとXVのカード「悪魔」（126ページ）が図柄的によく似ているのである。よく見ると「ライダー版」の教皇の足元には2つのカギが置いてあるが、そのカギは「悪魔」のカードで2人の人間がつながれている鎖に使うものだ、という解釈もある。教皇と悪魔、最高位の聖職者とラスボス級の悪役が、なぜ似たような絵柄で描かれているのか。絶対的な権力者の教皇だが、実は様々な罠《わな》に陥る可能性があるという暗喩なのか――。

権力が集中すれば集中するほど、誘惑も多くなり、何らかのきっかけで道をはずれてしまうこともある。周囲の声が聞こえなくなり、恐ろしい独裁者になる恐れもある。歴史書をひもとくと（あるいは現代の社会を俯瞰《ふかん》しても）、そんな例は山のように見つけることができるだろう。18世紀の欧州の一部では「キリスト教に対する侮辱である」としてタロットに教皇を描くことを禁じられたことは先に書いた通りだが、**「バッカス・タロット」**で教皇の御姿の代わりに描かれたのが、〝酒の神〟バッカスだ。享楽と陶酔の象徴であり、混乱と熱狂を生み出す神でもある。敬虔と崇高《すうこう》、猥雑《わいざつ》と混乱。一見正反対に思える置き換えだが、よくよく考えてみると「教皇」の裏の意味を鋭く皮肉に切り取っている、といえるかもしれない。

バッカス・タロット

VI 恋人

The Lovers

統合、選択、内面と外面の調和……喧嘩、ディスコミュニケーション、間違った選択――「恋」とはかくも難しいもの

＊「結合」と「選択」、解釈の幅が広いカード

「恋人　The Lovers」という名前である。見ると、上空で天使が弓矢を構えている。さぞかし幸福感に満ちた縁起のいいカードだろうと思う人も多いだろう。だけど――。タロットはそんなに単純なものではない。このカード、デッキによって様々な解釈があるのだ。

ヴィスコンティ版

ストレートに「祝福された恋人」のイメージを醸《かも》し出すのが、**「ヴィスコンティ版」**だ。緑の庭園。傘の下で男女が手をつなぐ。いかにも恋の

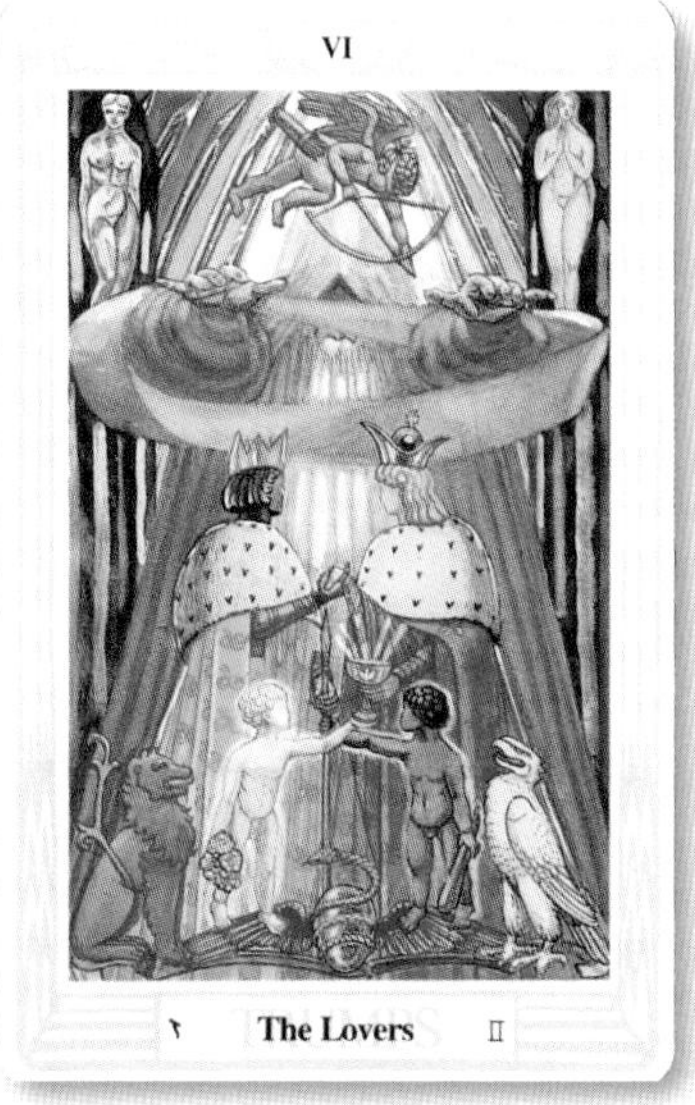

トート版

成《じょう》就《じゅ》を表しているようなカードなのだが、気になるのは上空の天使が目隠しをしていること。これは一体、何を意味しているのだろうか。同じく「祝福」のイメージが強い**「トート版」**。着飾った男性と女性が祭壇（？）の前で手をつないでいる。目を引くのは、右側の女性の肌が白いのに対し、左側の男性の肌の色が黒いこと。よく見ると、従者として付いている子供の肌の色も違っているし、傍《そば》で見守っている動物（ライオン？）と鳥（ワシ？）の色も違う。単純に解釈すれば、「人種を超えた結婚」や「異文化交流」を意味しているといえそうだ。相変わらず天使は目隠しをしていて、どこを狙っているのかよく分からない。

「異質なもの」同士の「統合」。どうやらこれが、「恋人」のキーワードのようだ。黒と白、陰と陽。アレイスター・クロウリーは『トートの書』でいう。このカードは〈元来

ライダー版

の形では、創造の物語であった〉のであり、中心の隠者のような人物は〈錬金術の結婚の祝福役である〉、と。世界はどのように形作られ、それをわれわれはどのように理解し、活用すればいいのか。〈このカードの主題は分析と統合である〉とクロウリーはいう。

「ライダー版」では一転、太陽の下に裸の男女がいる。見守っているのは、大天使ラファエルというのが定説だ。男女の後ろにあるのは、生命の樹と知恵の樹だろうか。とすれば、ここはアダムとイブのいた「楽園」？　イブの後ろ、「知恵の樹」には蛇が巻き付いているようである。「男性は顕在意識であり、女性は潜在意識である」とイーデン・グレイは『皆伝タロット』で説明する。〈調和し、成功する人生は、顕在意識と潜在意識の協力による〉と彼女はいう。

まったく違う絵柄なのが、**「マルセイユ版」**とそのグループ。画面中央の男性と2人の女性が話しているように見える。どちらの女性を「選択」するか、男性が迷っているの

マルセイユ版

か。それとも、片方の女性がもう一方の女性を男性に勧めているのか。頭の上で今にも矢を放とうとしている天使は、恋を司るクピドなのだろうか……。タロット研究家の伊《い》泉《ずみ》龍《りゅう》一《いち》氏は『タロット大全』の中で、ギリシアの物語である「分かれ道のヘラクレス」のエピソードとの関連を語る。〈若き日のヘラクレスが道を歩いていると、それがふたまたに分かれていた。一方の道には質素な服装の女性が立ち、もう一方には美しい女性が立っていた。前者は苦難と栄光の道を示し、後者は喜びと快楽を約束していた〉。ヘラクレスは悩んだ末に、前者を「選択」するのだが——。

もうひとつの要素として、「恋人」のカードでは、「愚者の旅」で初めて天使が登場する。天使は、〝聖なる次元〟から人間界へと何かしらのインスピレーションを放っている。今まで存在しなかった「聖なる次元」、つまり「内面的な世界」からのひらめきで、

「下界」、つまり「世俗的な世界」にいる人々が何らかの選択を迫られている。

＊「内なる世界」の存在に気付く

堕天使《だてんし》や悪魔は人間に対し、「誘惑」して「誘導」することができるが、天使は人間に「ひらめき」を与えるだけで、能動的に行動に関与することができない。人間は「ひらめき」を得ても、「自分自身の思索の結果」でどんな行動をするかを選ぶことができる。だから、恋の物語は複雑化していくのである。この時点では、「聖なる次元」の天使の導きが「卑しき地上」の人々に届くかどうかは分からない。「ひらめき」を感じることはできるのだが……。人の世に降り立ち、経験を積んで指導的立場になった「愚者」は、ここで初めて「内なる世界」「まだ自分が知り得ていない自分」があることに気付いたともいえそうだ。ただしまだ、その「内なる世界」への入り口はこの時点では開いていない――。

ちょっと変わっているのが、**「ゴールデン・ドーン・タロット」**だ。岩に鎖でつながれた裸の美女。まさに彼女を海の怪物が襲おうとしているところに、天から勇者が救済に駆けつけている。これまでのデッキとはまったく違ったモチーフだ。数々の神話や伝承を取り込み、整理した結果をタロットに託した魔術結社「黄金の夜明け団」の解釈によるカード。どうしてこういう構図にしたのだろうか。

ゴールデン・ドーン・タロット

これは明らかに、ギリシア神話のアンドロメダとペルセウスの物語を下敷きにしたものだ。「自分や娘の美貌は海のニンフにも勝る」との母・カシオペアの放言に怒った神ポセイドンによって、海の怪物の生贄《いけにえ》とされたアンドロメダ。あわや、という時に、怪物ゴルゴンを倒したばかりの英雄ペルセウスが偶然現れて、彼女を救出する。そして、アンドロメダはペルセウスの妻となり、ペルシア王家の祖となる——。ディスコミュニケーションによる苦難、異文化の英雄との遭遇、「救助」という選択、共有して得られる幸せな未来……。よく見ると、「恋人」の要素がそこかしこにちりばめられているように見えなくもない。

「愚者の旅」に戻ろう。異文化と出会い、コミュニケーションの重要性を認識したように見える「愚者」。必要なのは「統合」と「選択」なのだけど——。

VII 戦車

The Chariot

前進、成功、勝利、凱旋……猪突猛進、思い込みの激しさ——ラッキー7の「戦車」で地上の野心は達成される

＊未来からの凱旋、勇壮なカード

地上に降り立った「愚者」は様々な人生修行をした後に、社会の荒波に身を投じ、コミュニケーションの大切さを実感しながら数々の選択に立ち向かった。その結果、たどり着いたのが「戦車　The Chariot」のステージである。

ここから「愚者の旅」は新たな段階に入るようにも見える。これまでの「愚者」の行為は「個」に関するものだった。「恋人」のカードで示された「聖なる世界」の存在。「愚者」はまだ「恋の駆け引き」に夢中でそれにはちゃんと気付いていなかったのだが、今後、「愚者」は「世界との統合」へとそのまなざしを向けていくことになるのである。とはいえ、まだまだ「愚者」の「世俗の旅」は続いている。

「戦車」はどんな状況を示しているのか。

様々な絵柄が示された「恋人」とは打って変わって、ほとんどのデッキで「戦車」のイメージは共通している。画面の中央にいるのは、力強く威厳に満ちた男性（女性のカード

ライダー版

もありますが）。彼が乗っているのは２頭立ての馬車だ。**「ライダー版」**を見てみよう。背景は黄色で生命感に満ちあふれている。中央の人物の後ろには天幕があり、この人物は「天命によって動き、成功は約束されている」存在のように見える。賢者アリストテレスから世界についての知恵を学び、それを大帝国建設へと結びつけたアレキサンダー大王のようだ。

どのカードも「戦車」という名前が付いてはいるが、絵柄からすると車はパレードに使われる「山車《だし》」のようにも見える。すでに勝利を収めているのか、それとも勝利は約束されたものなのか。威風堂々としていて、「地上の覇者」にふさわしい威厳がある。カードによっては戦車を引いている馬は、顔を合わせていないのだが、そこからは、いろいろな考えを持つ者たちを「束《たば》ねている」という解釈も出てくる。前進、成功、凱旋、バランスの取れた秩序の構築……。いずれも前向きなイメージだ。

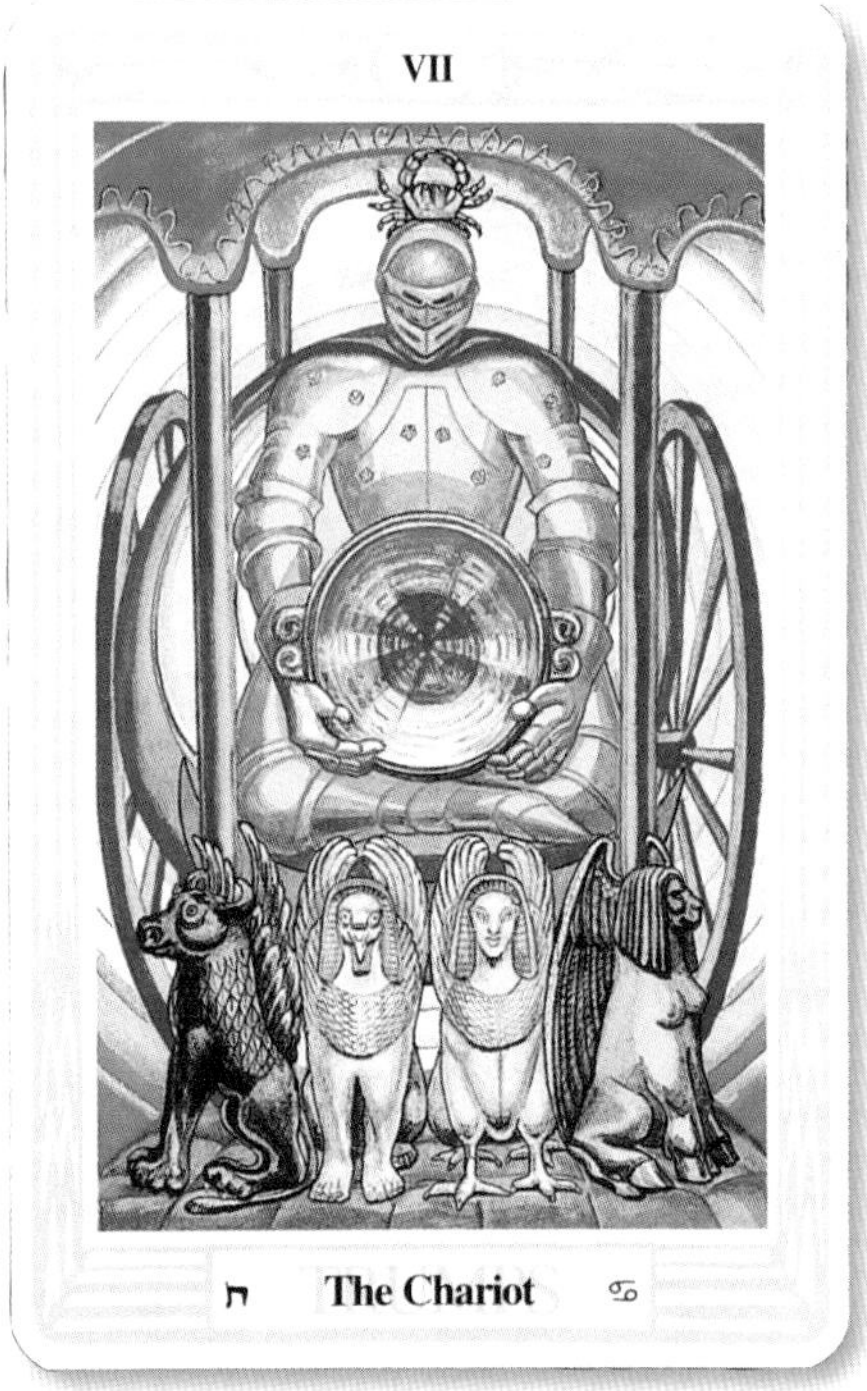

トート版

「ライダー版」に戻ろう。ここで車を引いているのは白と黒のスフィンクス。ギリシア神話に登場する神獣だ。なぜスフィンクスは神獣なのか。それは人間以上の知恵を持ち、百獣の王ともいうべき強靭《きょうじん》な肉体をも併せ持っているからである。白と黒、陰と陽の神獣を従えたこの御者《ぎょしゃ》は、世界のバランスを保ちながら目的に向かってひた走る。**「トート版」**での御者は、それに加えて甲冑《かっちゅう》まで着込んでいる。いかにもマッチョで肉体的。強い肉体が精神を御しているという感じである。

＊「ラッキー7」の示す栄光と創造性

ラッキー7という言葉があるとおり、7という数字には「飛躍」のイメージがある。数秘学的にいうと、6という数字は「楽園」とか「調和」とかを示しており、そこに1が加わった7には、「未知への挑戦」という意味が生まれている。7＝4＋3であると考えると、「安定した基盤」を示す4と「創造性」を示す3が合わさったものである、という解釈もできそうだ。白のスフィンクスと黒のスフィンクスは、それぞれ心と肉体を表しているのだろうか。心と体を調和させて、「運命の輪」である「車輪」を回す。そうすることによって、希望に満ちた世界へと歩き出せる。そんな寓意もあるのかもしれない。

マルセイユ版

取りあえず「愚者」は栄光の道を歩み、何らかの勝利を収めて凱旋した、といえそうだ。ただ、思い出してみよう。彼が乗っている馬はいろんな方向を向いているのである。ひとつの目標に突っ走っ

1JJ スイス・タロット

ていき過ぎたら思わぬ落とし穴に落ちる危険性も秘めているし、肉体と精神のバランスを取るのが難しくなることもあるのかもしれない。**「マルセイユ版」**や**「1JJスイス・タロット」**を見ると、御者と馬（馬車）の間には、板のような仕切りがある。それは、肉体と精神の微妙な乖離《かいり》を暗示しているようにも見えるし、多種多様な志向を持つ民草《たみぐさ》を束ねることの難しさを表しているようにも見える。また、「ライダー版」に顕著だが、御者の肩に三日月の意匠があるカードもある。太陽の光を受けてのみ輝く「月」には、「影」のイメージがある。だからそれは、征服した国々を暗示しているのかもしれないし、御者自身の精神的な弱さを示唆しているのかもしれない。

ヴィスコンティ版

さらにいえば、**「ヴィスコンティ版」**の「戦車」には女性の御者が乗っているが、これを「政略結婚へと向かうところ」と捉える見方もある。「戦車」の表す成功とは、あくまで肉体を介した人間社会での成功だし、それは永遠のものではないかもしれないのだ。20歳で王位を継承したアレキサンダー大王は30歳までにギリシアからインドまで広がる大帝国を建設したが、32歳の時に熱病で崩御《ほうぎょ》。大帝国は瞬く間に分割された。ただ、アレキサンダー大王の「帝国」のおかげで、インドからギリシア、エジプトまで、広く世界は文化を共有できるようになった。歴史は大きく動いたのである。

はかなき夢、しかしそれは未来に向けて大きな爪痕《つめあと》を残した。「戦車」に乗って世俗の成功を祝った「愚者」。彼はどこへ向かうのか――。

Ⅷ 正義

Justice

正義、調和、協調性、客観的判断、法律的な正しさ……不正、偏見、不公平、自分が正しいと思い込んでしまうこと――正義の刃《やいば》は鋭いけれど、何を以て正義とするのか？

＊愚者の旅、最大の難所

カードナンバーⅧ。実はここが「愚者の旅」、最大の難所である。デッキによってカードが違うからだ。**「ヴィスコンティ版」**や**「マルセイユ版」**ではⅧは「正義 Justice」だが、**「ゴールデン・ドーン・タロット」**や**「ライダー版」**では「力 Strength」。第1章でも書いたが、タロットをカバラや占星術と絡めて複雑かつ体系的な解釈を作り上げた19世紀

ヴィスコンティ版

ゴールデン・ドーン・タロット

マルセイユ版

の魔術結社「黄金の夜明け団」は、獅子の描かれている「力」が「Ⅷ」、天秤の描かれている「正義」が「Ⅺ」にふさわしいと考え、両者の位置を入れ替えた。時代によってタロットの絵柄も解釈も変化しているので、「どちらが正しい」とは決めつけられないのだが、今回の旅路では、より古い伝承である「正義＝Ⅷ」を選んでおく。そしてここでは、それぞれのデッキの「正義」を調べることにしよう。

　サリー・ニコルズの『ユングとタロット』では、「愚者の旅」を「マルセイユ版」のナンバーに基

ライダー版

づいて、3つの列に分ける。Ⅰ～Ⅶが最初の列、Ⅷ～ⅩⅣが2番目の列、ⅩⅤ～ⅩⅩⅠが最後の列……、つまり7枚ずつカードをグループにしているのだ。ニコルズは最初の列を「神々の領域」と呼ぶ。これらの多くにユング心理学でいう「元型」が描かれているからだ。第二列は「地上的現実と自我意識の領域」で第三列は「啓示と自己実現の領域」。旅する「愚者」は第一列で様々な元型と対峙《たいじ》し、Ⅶの「戦車」に乗って第二列に向かう。第二列では様々な局面でバランスが必要なことを実感し、洞察力を磨く。そして、第三列で天の啓示を得て自己を解放するのである。まあ、これは『ユングとタロット』の解釈であり、われわれが展開している「愚者の旅」はこれに縛られるものではないのだが――。

Ⅷであろうが XIであろうが、「正義」の基本的な絵柄は変わらない。中央に何やらフォーマルな格好をした女性がいて、片手に剣、片手に天秤を持っている。背景には2本の柱とそれをつなぐ幕。服の色は赤が多い……。「フォーマルな服」は法服だろうか。そう考えると、この女性は「裁判官」なのだろう。天秤は古今東西、公正という概念を表していることが多いからだ。剣を持ってまっすぐ前を見ている姿勢からは、「正しいことを貫き通す」という強い意志が感じられる。「秤《はかり》」を持って「正義」を貫く。実際に今でも欧米の裁判所に行けば、こんな格好の「正義の女神」の像がある。

「正義」「知恵」「勇気」「節制」は、「枢要徳《すうようとく》（Cardinal Virtues）」と呼ばれ、古代ギリシアの時代から西欧社会の中心的な徳目だ。このうちタロットには、「正義」や「節制」のカードがあり、「勇気」は「力」と重なる。どうして「知恵」がないのかな？　そんな疑問も頭をよぎる。大アルカナと小アルカナを合わせたタロット全体が、「知恵」を表しているという説もあるが……。

＊「幕」や「柱」の指すものは

ところで、これまでもちょいちょい出てきたのが、背景にある「幕」や「柱」のモチーフだ。初出、Ⅱの「女教皇」の「マルセイユ版」では、それはベールのように人物の背景を覆っている感じだったのだが、Ⅴの「教皇」ではがっしりとした「2本の柱」となっている。Ⅶ「戦車」のカードでは柱に支えられた天蓋《てんがい》のようになり、このⅧの「正義」では

2本柱と幕が強固に組み合わされている。つまりそれは、絵の前面にいる人物を支える「教え」、バックボーンとなる「思想」がどんどん明確になり、普遍性を増しているようにも見えるのである。「マルセイユ版」や「ライダー版」で「裁判官」が着ている法服の色は「カーディナル・レッド」、キリストが流した血の色の象徴のようでもある。これらのことから考え合わせると、このカード「正義」を司る「権威」は、どうやらとても重いモノのようである。

「数」についても考えてみよう。「8」は「4」＋「4」、「安定した状況」の2倍である。「安定」といえば、ここでも「柱」というワードが浮かんでくる。「ゴールデン・ドーン・タロット」の2本の柱は、陰と陽のイメージで彩られており、さらに手に持つ秤は、4本の糸で支えられた2つの皿で出来ている。2つの論理、世界を「秤にかける」とはどういうことなのだろうか。それは「生と死」の狭間にある人間界の摂理に関わることなのか。それとも「肉体と精神」の相剋《そうこく》についての寓意を表しているのだろうか。

「マルセイユ版」をよく見ると、この「女裁判官」は左膝でこっそりと天秤の皿を持ち上げているようにも見える。肘《ひじ》で秤を押しているようにも見える。え？　「正義」を司るはずのこの人、「不正」をしているの？　どうやらそこには「公正」という概念に対する達観した視線もあるようだ。いかに「正義」を貫こうと思って「公正」な裁きを試みても、人間に感情や主観がある限り、どこかで無意識的な判断のゆがみが出てくるものなのである。「正しくあろう」という意志は常にあるのだが、人間は愚かで不完全な生き物なのだ。

だからだろうか、**「トート版」**のⅧは、「正義」ではなく「調整 Adjustment」となっている。調和、協調性、均衡……「2つの安定」のバランスから成るⅧのカードは、単純に「正義」の剣を振り回すのではなく、謙虚に人間の弱さを認識しながら世界と向き合わなければいけない、といっているようだ。世俗の成功をⅦの「戦車」で得た「愚者」だけど、その力をふるうためには常に「己の弱さ」を頭に入れながら、「何が正しいか」を希求しなければいけない。何を以て正義とするかは、とても難しい問題だ。正義の刃は鋭いが、もろく欠けやすいものでもある。

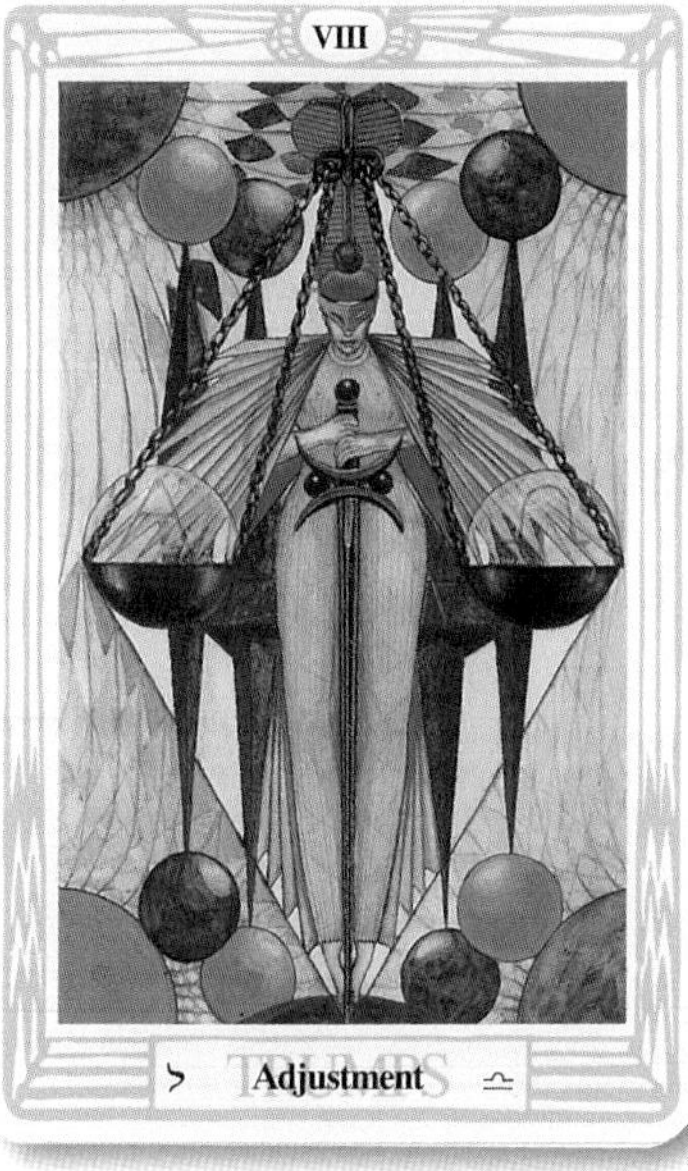

トート版

IX 隠者

The Hermit

叡智、思慮分別、慎重さ、目標の達成、円熟……
古い考えに固執する、頑固《がんこ》――自分自身を
見つめることは、人間の営《いとな》みには必要なのだ

＊「絶対知」を希求する「老賢者」？

Ⅶの「戦車」で世俗の成功を味わった「愚者」は、Ⅷの「正義」で改めてこの世界の理を考えさせられることになった。人間社会において完全に「公正」だということはありうるのか。だれの目から見ても「正しいこと」とは何なのか。思索していくうちに、どうしても「世界の矛盾」に気付くことになり、「己の弱さ」と向き合うことになる。そこで登場するのが、Ⅸ「隠者　The Hermit」のカードだ。

暗闇の中を歩いているひとりの老人。手にはランタンを持っている。その姿は禁欲的な修行僧なのか、それともイエス・キリストの誕生を報《しら》せに来た「東方の三賢人」なのか。いずれにしても、イメージされるのは俗世を離れ解脱《げだつ》を目指す「絶対知」を希求する老賢者。〈老子《ラオ・ツー》（その名前からして「老人」ということを意味している）のように、ここに描かれた修道士は、書物の中には見いだすことのできない知恵を体現している〉とサリー・ニコルズは『ユングとタロット』の中で書く。

カードを解釈する際に重要なのは、まず「隠者」が「杖を持って」「歩いている」ことだろう。「旅」の発端、「愚者」は杖を片手に自分の足で歩き始めた。それからいろいろな経験をして、知識を得て知恵を育んで、賢者といっていいだけの識見を持つようになった、というのが「隠者」の示すひとつの寓意だ。ただ、これまでの旅路を振り返ると、意外と彼（彼女）が「動いている」姿は少ない。「魔術師」は街角に立っている。「女教皇」「女帝」「皇帝」「教皇」は、みんな自分の席に座っている。「恋人」では立ち上がっているけれど、その辺りで噂話をしているように佇《たたず》んでいる。続く「戦車」は乗り物でのパレード参加、「正義」になるとまた、建物の中で「裁いている」。確かに。「自分の足で大地を踏みしめて」いる「隠者」は、「愚者」以来久々に「歩いている」のである。

マルセイユ版

「マルセイユ版」の「隠者」が手に持つランタンは、八角形なのか六角形なのか。「8」は「安定」の4が2つ組み合わさった形。それは「生」と「死」、２つの世界を示しているようでもある。２つの４の中にある1点の光。２×４＋１＝９。ランタンそのものが、「純粋な知性」を表すⅨという数字になっているのかもしれない。「６」だとすれば、「ダビデの星」の六芒星を意味してい

ライダー版

るのだろうか。「6」は楽園の数字であり、1点の光が加われば、新たな創造を意味する「7」になる。「マルセイユ版」でも**「ライダー版」**でも、「隠者」はそのランタンの光に導かれて歩いている。そこは、草木一本生えていない荒野。ひょっとすると砂漠なのかもしれない。「絶対知」を求める道は厳しい。先人による道標《みちしるべ》もなく、手がかりとなるような目印もない。「世俗」を離れた「何か」を求めようとする「求道者《ぐどうしゃ》＝隠者」は、聖地に向かってひたすら歩く巡礼のようだ。ランタンの光は、彼を導いているだけではない。時には体を暖め、時には獣たちの襲撃から守ってくれる「守りの光」のようにも思える。

＊光は「外」にあるのか、「内」にあるのか

暗闇を照らす光。**「トート版」**を見ていると、それは「隠者」の内面からほとばしっているようでもある。「絶対知」は自らの内にある。そんなことをいいたいのかもしれない。一方で、**「マザーピース・タロット」**を見ていると、光は明らかに「隠者」の外にある。ここにも解釈の違いがありそうだ。道は幾重にも分かれ、どれが正解なのか、巡礼者も迷っている。手に持った杖は柄《え》の部分が曲がっており、死神のカマをちょっと思わせる。求めている「知恵」とは「生と死の理」を表すものなのだろうか。とっても能天気な「若者」だった「愚者」は長い長い旅を経て、「賢者」といわれるようになった時には年老

トート版

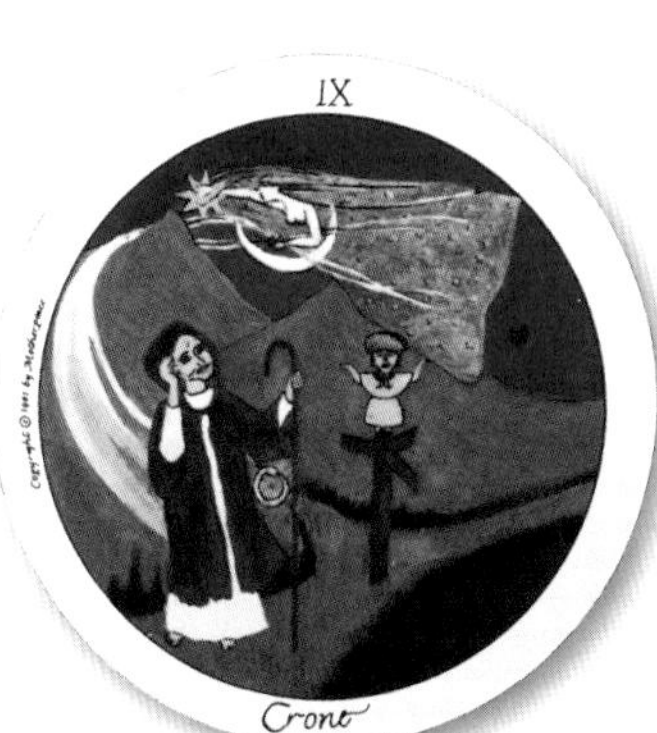

マザーピース・タロット

いてしまった。でも、その道のりはまだまだ続いていくのだろう。「賢者」が修道服とともに身につけている頭巾は、「愚者」の帽子と好一対に見える。彼らは、世界を放浪する運命に支配されているのである。

叡智の探究、時の流れ。より古い伝承を残す**「ヴィスコンティ版」**では、「隠者」はランタンではなく砂時計を持っている。そこでイメージされるのは「時の翁《おきな》」、ギリシア神話のクロノスだ。この「時の神」は、老人の姿をして砂時計などを持っているのが通例だ。時の流れは無常である。その中にあって、人間の生命は一瞬でしかない。時の流れの中でひとり「絶対知」を求め続ける「隠者」。その行為は果たして成就するのか、それともむなしく終わってしまうのか……。

大地を踏みしめながら、「隠者」は一歩一歩足を進める。一見、その姿は「孤独」なようだが、自分自身の内面を静かに見直す時間も、人間の営みには必要だとタロットはいいたいのかもしれない。そこで積み上げられた経験と叡智は世界を潤《うるお》し、人間社会を豊かにするのだから。ただ、その歩みの間にも時は刻々と流れていき、いくつもの生命が潰《つい》え、新たな生命が生まれていく。

……もう一度、「数」に戻ってみよう。9＝3＋3＋3。「創造」を意味する「3」が3つ合わさった「9」という数は、「完成の一歩手前」を暗示し、「秘伝の伝授」をも示している。「愚者」が「地上」で経験する旅は、ひとつのサイクルの終わりに近づいているのかもしれない。

ヴィスコンティ版

X　運命の輪

Wheel of Fortune

幸運、運命、成功、絶え間ない変化……思わぬアクシデント、カルマ、後退——万物は流転する。「運命の輪」を回すのはだれ？

＊女神が回す？「運命の輪」

洋の東西を問わず、「運命」は人智《じんち》の及ばないものだ。禍福《かふく》は糾《あざな》える縄《なわ》の如《ごと》し。人間万事塞翁《さいおう》が馬《うま》。何が幸福で何が不幸なのか。それすらも、「運命のいたずら」でコロコロと変わってしまう。ローマ神話の女神フォルトゥナ（Fortuna）は「運命の輪」を管理しているのだが、気まぐれにその輪を回して地上の人々にアトランダムに幸運を与える。そのフォルトゥナを語源とするのが英語の「fortune」。だから、「Wheel of Fortune」は「幸運の輪」でなく、

マルセイユ版

ライダー版

バッカス・タロット

「運命の輪」なのである。

タロットの「運命の輪」は、フォルトゥナが回していたものなのだろうか。**「マルセイユ版」**以降のデッキのほとんどで、女神の姿はカードに描かれていない。その輪は地面の上に2本の足で設置され、把手《とって》が付いていて、いかにも「回して下さい」と言っているようなのだが。そして、「マルセイユ版」でも**「バッカス・タロット」**でも、輪の周辺には何だか分からないヤツらが取り付いている。

「ライダー版」を見るとハッキリ分かる。輪の上に乗っかっているのは、スフィンクスだ。「王の顔」と「獅子の体」を持つエジプトの神獣は、諸王の墓であるピラミッドの守護者でもある。ヒトはどのように人生を過ごしても、最後はみんな墓場に行く儚《はかな》い存在なのだろうか。ギリシア神話で「朝は4本足、昼は2本足、夜は3本足で歩く者は何か」とオイディプスに問いかけたスフィンクス（答えは皆さん、ご存じ「人間」）。それは人生や生命を象徴しているようである。

「運命」にまとわりついている他のヤツらは何者だろう。「マルセイユ版」では、下を向いているのがサル、上に向かっていくのがイヌのようだ。「ライダー版」では下降しているのはヘビ、上向しているのは何だか赤い怪物だ。サル、ヘビからは、「狡猾《こうかつ》」とか「悪知恵」とかいう言葉が浮かんでくる。だとすると、「赤い怪物」やイヌは人間の内に潜む「獣性」を象徴するのだろうか。ヒトの「運命」には、かくのごとく「卑しきモノ」がまとわりついているのか。

「タロティストの母」と呼ばれるイーデン・グレイはヘビをギリシア神話の怪物である「テュポンの化身《けしん》」とし、赤い怪物をジャッカル＝エジプトの神・アヌビスと解釈する。「冥界の神」であるアヌビスは死者を安息に導く者であり、ギリシア神話で「死出の旅の案内役」であるヘルメス神と同一視されることもある。「マルセイユ版」のサルも「テュポンの化身」という解釈があり、そう考えると、イヌも「ジャッカル＝アヌビス」のように見える。つまり、「マルセイユ版」でも「ライダー版」でも、「運命の輪」の上で邪悪なる者は闇と崩壊へ「下って」おり、善き者は常に「上昇しよう」としているわけだ。そして「悪」と「善」は上昇と下降を繰り返し、その営みは永遠に続くようにも見える。**「エル・グラン・タロット・エソテリコ」**のカードでは、クマのようなケダモノが輪を転がし

エル・グラン・タロット・エソテリコ

ているとなりで、王冠をかぶったサルがその様子を眺めている。手に持つ風車を回しているのは、「いたずらな運命の風」だろうか。そこにある木は、宇宙を体現する「生命の樹」なのだろうか。

＊「輪廻転生」を断ち切る？ 剣

東洋に住むわれわれにとって、「運命の輪」で連想されるのは、「輪廻転生」という言葉だ。「マルセイユ版」や「ライダー版」でスフィンクスが持つ剣は輪廻の環《わ》を断ち切るためにあるようにも思える。「ライダー版」で「運命の輪」を囲んでいるのは、「獅子」「牡牛」「ワシ」「ヒト」、『旧約聖書』「エゼキエル書」に登場する「ケルビム（智天使）の四聖獣」だ。それらが表すのは、世界を構成する四大要素（「火」「土」「水」「風」）である。つまり、何だか分からないヤツらに取り付かれているとはいえ、「運命の輪」は宇宙を動かしているバランスに従って動いていているようだ。**「マザーピース・タロット」**では水金地火木《すいきんちかもく》土天海冥《どてんかいめい》、太陽系の姿が描かれている。まさに人智を超えたところにある「運命」。大きな目で見ると、その動きは「宇宙の摂理」に従っている。そんなイメージが増幅される。

数秘術的に考えると、「10」という数字は「1」と「0」、図形化すると、「⊙」となる。始まりの「1」を「0」で囲ったと考えると、「1」で始まったモノゴトがひとつの終わりを迎えた、というイメージだ。ひとつのサイクルの終わり、でもその「輪」はまだ回り続けている。真ん中の点を中心軸として、「○」は回転しているように見えるのである。つまり、様々な経験をしながら旅を続けてきた「愚者」はここでひとつのステージを終えるのだが、その「旅」は「回り続ける」、次のステージが待っているのだ。

「運命の輪」は回り続ける。それが「吉」と出るか「凶」と出るか、にわかには判定できないが、それが「人生における大きな転機」を暗示しているのは確かだろう。ヒトという存在が逃れられない「輪廻転生」というカルマ。スフィンクスの剣によって「解脱」することはできるのか。ヒトの運命には「卑しきモノ」が影響しがちなのだが、大きく見れば「四聖獣」に守られた「宇宙のバランス」の中で落ち着くところに落ち着いていくのだろう。回す者が描かれていないタロットの「運命の輪」。それは、「輪を回し、人生を切り開いていくのは、結局のところあなた自身なのだ」といいたいのかもしれない。

マザーピース・タロット

XI 力

Strength

人間的な強さ、勇気、寛大さ、衝動や感情をコントロールできる……弱さ、疑い、破壊的欲求――人間誰しも、心の中に獣を飼っている

＊新たなステージへの旅立ち

11という数は、「10＋1」。Xの「運命の輪」でひとつのステージを終えた「愚者の旅」は、ここから新しい展開となる。「10」という完結した世界からさらに一歩踏み出すわけだ。ユダヤの神秘思想カバラでは、「11」という数自体が「マスターナンバー」といわれる特別な数であり、「インスピレーション豊か」で「他者に働きかける個性」があり、「未来に向けたエネルギー」を持っていることを示している。「11」の1の位と10の位を足すと、「1＋1＝2」。「安定」や「コミュニケーション」を示す「2」の要素が、奇数であることによって活性化されているとも解釈できるのである。

その「11」の場所にあるカードは、「ゴールデン・ドーン・タロット」やその系列の**「ライダー版」**では「正義」だが、より古い「ヴィスコンティ版」や**「マルセイユ版」**では「力　Strength」であることは、以前に述べた通り。この本では「より古い形」に従って、「11＝力」を採用しているのも、先述の通りである。では、「愚者」の「新たな出発」

マルセイユ版

ライダー版

にあたって、「力」はどんな意味を持っているのだろう。

Ⅷであろうが、Ⅺであろうが、「力」（「剛毅」という場合もある）のカードでは、王冠や帽子をかぶった女性が獅子の口に手をかけている様子が主に描かれている。イタリア人イラストレーターの手による**「ニコレッタ・チェッコリ・タロット」**のカードでは女騎士が槍で怪物を服従させており、古いデッキには男性が獅子を棍棒《こんぼう》で殴っている絵もあるのだが、全体的に見ると「優しく馴致《じゅんち》している」イメージだ。ペットを飼っている方なら分かるだろうが、イヌだっ

ニコレッタ・チェッコリ・タロット

てネコだって口の中に手を突っ込むためには、かなりの信頼関係が必要。つまり、この女性と獅子は、深い絆《きずな》で結ばれているのである。ちなみに「ライダー版」の女性の頭の上には、「魔術師」のカードでおなじみ「∞」のマークがあり、「マルセイユ版」の女性の帽子も「∞」を連想させる形をしている。

「愚者」が「旅」を始めた最初のカード「魔術師」と、「セカンドステージ」の発端である「力」のカード、両者はやっぱりどこかでつながっているようだ。

神獣を伴う若い女性。そこで思い起こされるのは、ディズニー映画でおなじみ『美女と野獣』のイメージだろうか。この物語、「ヒトは見た目ではない」という解釈が一般的なようだが、「まったく異なる文化、性質のモノたちがどのように理解し合うのか」がテーマの物語のようにも思える。「神獣」という要素にスポットを当ててみると、「ユニコーンと清純な乙女」のシチュエーションも頭に浮かんでくる。「聖なる獣性」「人智の及ばぬ自然の力」と心を通い合わすことができるのは、「無垢なる精神」の持ち主なのである。「ニコレッタ・チェッコリ・タロット」で描かれる純白の女騎士は、聖戦に臨むジャンヌ・ダルクのよう。「ライダー版」の乙女は、純白の衣裳に身を包んでいる。「力」のカードには、「聖なる処女」の香りが漂っている。

＊「獣性」との共存が「内なる力」を解放する

そんな状況での「力」とは何だろうか。それは「Strength」というよりも「Force」という方がぴったりかもしれない。日本語では「理力」と訳される「Force」には、「物理的」で「フィジカル」な「Strength」に比べ、より「精神的」で「神秘的」な響きがある。実際に「マルセイユ版」などでは、このカードの名前は「La Force」なのである。「Force」という言葉で思い出されるのは、映画「スター・ウォーズ」シリーズの名文句〝May the Force be with you〟（フォースとともにあらんことを）。この場合の「Force」は「宇宙の摂理」「世界を統《す》べる力」という感じだろうか。

単なる「腕っぷし」の強さだけではない、より精神的な深さを持つ「力」のカード。獅子という動物が象徴しているのが人間の心の奥に潜む「獣性」だとすれば、それを手な

マザーピース・タロット

ずけている「聖なる乙女」は「知性」や「理性」を意味しているのだろう。「獣性」はどんな人間にもある。その存在を認め、それを馴致し、理性や知性と「融合」させてこそ、ヒトは世界を統べる力を持つことができる。そんなことがいいたいのだろうか。**「マザーピース・タロット」**では、裸の女性が手に持った光のもとでたくさんの動物たちと和《なご》んでいる。それは、心の中に潜む「獣性」は単一ではなく、それらすべてをうまく受け入れ、制御することが、「内なる力」の解放につながる、といっているようだ。ウサギやアライグマなどかわいい存在から、サソリやオオカミ（？）のような危険なヤツらまで、様々な獣がそこにはいるので

トート版

ある。
さらに過激なのが**「トート版」**と名付けられだ。「欲望 Lust」と名付けられたこのカードでは、見ての通り「乙女」と「獣」の主従関係が逆転している。それはまるで「獣性こそが人間の真実」と宣言しているようだ。快楽と欲望の向こう側にある、解放のユートピア。〈欲望とは力ばかりでなく、力を行使する喜びをも意味する。それは活力であり、活力の歓喜である〉（『トートの書』）とアレイスター・クロウリーはいう。チベットの密教などにも通ずる思想を具現化したカードはインパクト十分で、なるほど「20世紀最大の魔術師」が作っただけのことはあるのだ。……

どうやら「愚者の旅」のセカンドステージは、世俗を離れ、より人間の「内面」を探る旅のようである。

XII 吊された男

The Hanged Man

価値の転換、洞察力、予言の力、人生の小休止、自己犠牲……宙ぶらりん、傲慢、役に立たない努力、利己主義——「吊された男」は「神秘主義」の入り口

＊どっちが上でどっちが下？　不思議なイメージのカード

セカンドステージに突入した「愚者の旅」。XIIのカードは「吊された男　The Hanged Man」だ。これもまた、解釈が難しいカードである。「運命の輪」でひとつのステージを終え、「力」で理性と野性を融合させた愚者。彼が突入していくのは、さらに神秘主義的な世界であり、「吊された男」はそれを示唆しているようだ。「12」という数の1の位と10の位を足してみると、「1＋2＝3」。「3」は創造性や生産性を示しており、それが偶数であることで「逆相」を示すとすれば、創造性や生産性は外の世界ではなく内側の世界に向くことになる。

それぞれのカードで描かれているのは、文字通り「吊された男」である。なぜ彼は吊されているのか。吊されているのはどこなのだろうか。「吊される」という状況からは、何かの「罪」を犯して「罰」を受けているというバッドイメージが連想される。実際、タロット研究家、レティシア・バルビエの『タロットと占術カードの世界』によると、中

ライダー版

マルセイユ版

世ヨーロッパでは〈片足で吊るされる処刑は（中略）裏切り者や汚職・詐欺に関わった者、特に欲に駆られた者に与えられた屈辱的な行為〉だったそうである。〈タロットを歌ったルネサンス期の詩では、この人物は「反逆者」と呼ばれている〉と鏡リュウジ氏は『タロットの秘密』で書く。もともとのイメージはそんなところにあったのだろうか。

ただ、**「マルセイユ版」**でも**「ライダー版」**でも、「吊された男」の表情は、意外と穏やかだ。だとするとこれは「刑罰」ではなく、何かの「修行」なのだろうか。「滝行」などと同じ「荒行」の一種なのだろうか。**「バッカス・タロット」**のカードでは、この男は「吊されて」さえもいない。木の棒に縛り付けられた足を十字の形に組んでいるのである。足で示す「十字」が宗教画によくある「キリストの磔刑《たっけい》」を暗示しているとすると、「困難の向こうにある祝福」「他者のすべてを受容する自己犠牲の精神」と

バッカス・タロット

アンドレア・マンテーニャ作《磔刑》／ルーブル美術館

ヴィスコンティ版

いうイメージが浮かび上がってくる。

よく見ると、**「ヴィスコンティ版」**の男のポケットからはボロボロと丸いモノがこぼれ落ちている。これは一体何なのか。この男が持っている「悪徳」や「貪欲《どんよく》」なのか。それとも詐欺や裏切りで得た不浄な金がその身から離れていく様子なのか。「裏切り」といえば、キリストの十三番目の弟子、イスカリオテのユダは、「銀貨30枚」で神の子を祭司長に「売った」のだった。ユダの裏切り、キリストの磔刑、その向こうにある再生と祝福……そんな聖書の物語が「吊された男」に重なってくる。

＊世俗の価値観を捨て、「手も足も使わずに世界を見る」

「マルセイユ版」や「バッカス・タロット」で、男の足を縛り付けている棒を支えているのは2本の樹だ。「マルセイユ版」では、左右の樹に6つずつ、「バッカス・タロット」

では左右の樹を合わせて6つ、「芽」のようなものが見える。「6」という数字が楽園を示し、「芽」が生命を意味するのであれば、これは「生命の樹」なのだろうか。男の足は「4」の形をしており、「12」は「3×4」でもある。〈紀元前から十七世紀前後くらいまでの哲学・宗教・思想には、この3と4を組み合わせた数字の概念がかなり多くみられる〉（『数の原理で読むタロットカード』）というのは、東西の神秘思想に詳しい著述家の松村《まつむら》潔《きよし》だ。「創造力」の「3」と「安定」の「4」を掛け合わせた「12」は、〈強い感情や興奮を、空間的な目に見える生活の秩序の中におとなしくなるように埋め込む〉状態を示唆し、〈吊られた男は身動きとれない場の中で、内面的な知性や心だけが自由に活動〉しているのだから、「12」という数の意味としても納得できるのだという。

さらに「ライダー版」では、男の背後に光の輪が輝き、吊されている樹は神そのものを示すT字形の「タウ十字」のようにも見える。デッキによっては、月明かりのもと、光輪に包まれた男が描かれているものもある。月が深層心理の象徴だとすると、「生命の樹」に「吊された男」の苦行の向こうには「内宇宙」という「新たな世界」が見えているようだ。

つまり、このカードで示されていることは、今まで自分が生きてきた世俗の価値観を捨てて、「手も足も使わずに世界を見る」ことの必要性だろう。「逆さ吊り」による「自己

ユンギアン・タロット

犠牲」を経ることで、男は「より高次の精神世界に到達する」のではないだろうか。そこには、世俗の常識を捨て、様々な概念を反転させて自分自身を変えることで、世界をも変容させるというイメージがあるのではないのだろうか。

　ユング心理学をベースにした**「ユンギアン・タロット」**を見てみよう。「吊された男」は、「陰」と「陽」のエネルギーの源《みなもと》に足と頭を置き、そのエネルギーが交叉する空間を浮遊している。体に巻き付いているのは、生命の象徴のヘビ、世俗の価値観を超越したその世界には、上も下もないのである。「男＝愚者」がこれからのみ込まれていくのであろう「深遠なる世界」。そこにあるのは希望なのか絶望なのか――。

XIII 死神

Death

物事の終了、破壊と再生、変化……堕落、無秩序、災害――「死」は「再生」につながっている

＊ガイコツが表すのは「根源的な生命」

「吊された男」で「内宇宙への旅」へと突入した「愚者」。そこでいきなり遭遇するのが、「死神　Death」である。ガイコツとか死神とかいうと、「こわーい」とそれだけで拒否反応を示す人も多そうだが、タロットはそんなに単純なものではない。確かに「死神」は不気味だ。手には大きなカマを持っているし、周りは死屍累々《ししるいるい》だし。だけど、ガイコツのイメージは怖いだけではない。世界中で大ヒットしているマンガやアニメの『ＯＮＥ　ＰＩＥＣＥ』の人気キャラクター、ブルックを思い出していただけると、分かってもらえるかも。ガイコツは時にかわいくもあり、ユーモラスでもあるのだ。

そんなユーモラスなガイコツたちから連想されるのが、メキシコの祝日「死者の日」でもある。毎年11月1日と2日、故人を偲《しの》び、家族や友人たちが明るく楽しく思い出を語り合うその日には、ガイコツのイメージが街中にあふれる。もともとヨーロッパの中世には、「メメント・モリ」という言葉があった。ラテン語で「死を忘るることなかれ」を意味するこ

の言葉には、現世でいくら財をなしても、栄華を極めても、結局「死」は平等に訪れるものだ、という認識が根底にある。名誉や名声、容姿の美醜、財力、学歴……そんな世俗的な表層を取り払った後に残る「根源的な生命」の象徴。ガイコツは、そんな存在でもある。

タロットの原型が形作られていったのは、まさにその「メメント・モリ」の時代だった。そのイメージが色濃く残っているのは、**「エル・グラン・タロット・エソテリコ」**のカードだろうか。死神が乗っているのは、ウマでなくイヌ？『新約聖書』の「ヨハネの黙示録」によると、「死」は「蒼ざめた馬」に乗っているのだが――。ひょっとすると、地獄の番犬であるケルベロスなのだろうか。それとも「死」を祭知して近づいてくる伝説的な存在、ブラック・ドッグなのだろうか。足元には「礼拝堂」や「王冠」や「貴金属」のようなものが転がっている。野原には「生命の樹」の意匠が描かれた聖堂のようなものがあり、その中には

エル・グラン・タロット・エソテリコ

「生命」の象徴であるアンク十字が鎮座している。「死」の前では、すべてが平等なのだというイメージが明確に見て取れる。

死の下での平等。そのイメージは、「13」という数字にも表れている。22枚ある大アルカナだが、「0」と「21」、「1」と「20」など、足すと「21」になるペアが必ず存在している。たとえば、「0」である「愚者」は「21」である「世界」と表裏の関係にある、と解釈される。「13」の「死神」とペアになるのは「8」の「正義」。公正とは何か、世界に正義はあるのかと問うカードだ。この世界に全き「正義」や「公正」があるのかどうかは分からないけれど、「死」だけはどんな人間にも等しくやってくる。「13」と「8」の裏表には、そんな暗喩があるのかもしれない。**「ライダー版」**を見てみよう。「死神」は荒野の中、王や庶民、様々な人々の屍《しかばね》が散らばっている中で、無慈悲に歩みを進めている。それはすべての人間の営みを冷徹に見守っているようにも見える。

ライダー版

＊死の直視は、真実を見るために避けて通れない

「死」の先には何があるのか。**「マザーピース・タロット」**を見てみよう。ここで描かれるガイコツは、ヘビが形作る円環の中で土に還ろうとしている。世界を表すウロボロスのようなヘビ。ガイコツが持っていた生命力は大地に吸収され、その上に生えている「生命の樹」の肥やしになろうとしている。

マザーピース・タロット

「死」は「再生」とともにある。ひとつの生命が終わることで、次の生命が育まれていく……。**「マルセイユ版」**の「死神」は「0」のカード、「愚者」の姿によく似ている。「死神」の手にある大ガマは、「愚者」の「杖」と同じような角度なのだ。すべての可能性を内包する「愚者」、すべての装飾をはぎ取られた「死神」、その存在は対《つい》になっているのかもしれない。これは前述したが、「ナンバーのない愚者」と「正規の場所に名前のない死神」は「マルセイユ

ハンス・ホルバイン作
《死の舞踏:国王》(個人蔵)

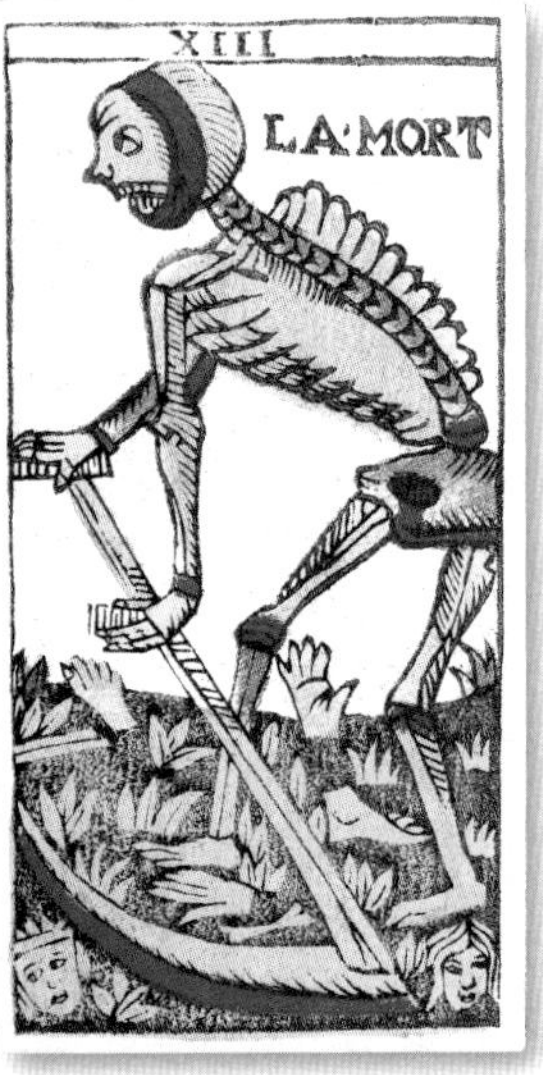

マルセイユ版

版」の「特別なカード」なのである。

「メメント・モリ」という哲学の下で、様々な芸術のモチーフとなったのが、「死の舞《ぶ》踏《とう》」というモチーフだった。「20世紀最大の魔術師」アレイスター・クロウリーは、『トートの書』の中でいう。〈このカードそのものは死の踊りを表わす〉と。〈最も秘密の形態をとった、宇宙のエネルギーの大要ですらある〉ともいう。漫画家・魔夜峰央氏による**「魔夜峰央タロット」**のガイコツは、水木《みずき》しげる氏の漫画などに登場する妖怪がしゃどくろのようだ。がしゃどくろのイメージの原型になっているのは幕末の浮世絵師・歌川国芳《うたがわくによし》の

魔夜峰央タロット

《相馬古内裏《そうまのふるだいり》》に登場するガイコツだといわれているが、国芳が描くガイコツも「死の舞踏」の版画でホルバインが描いていたように、どこか神秘的であり、何かを達観したようなユーモアを漂わせている。超自然的な力を備えた存在としての「死」。恐怖の裏側にあるそこはかとないユーモア。そういうイメージは、洋の東西で共通なのだろうか。

「内宇宙」の旅を始めた「愚者」は、「死と再生」を司る存在と出会った。それは哀しく残酷でありながら、だれに対しても平等であり、「新たな生」を意味するものであった。生と死を直視することは、世界の秘密、人間存在の真実を知るためには避けられない。「死神」のカードは、そんなことを示しているようだ。

XIV 節制

Temperance

適応、調整、自己コントロール、中庸……不調和、利害の衝突、堕落——人生で必要なのは「バランス」を上手く取ること

＊「節制」は「枢要徳」のひとつ

ライダー版

「死神」のカードで生と死の深淵を垣間見た「愚者」。その旅で次に訪れるのは、「節制 Temperance」である。前にも書いたが、「節制」は「正義」「勇気」「知恵」と並ぶ「枢要徳（Cardinal Virtues）」のひとつ。古代ギリシアの時代から、西欧社会の中心的な徳目となっているだけに、「節制」はとっても重要なのである。

「ライダー版」でも**「マルセイユ版」**でも、絵柄の根本は変わらない。真ん中にいる女性が壺（あるいは杯？）から壺へと何かの

マルセイユ版

液体を注いでいる。背中に羽があるところを見ると、この女性は天使なのだろうか。注がれている液体は何なのだろう。女性は屋外にいて、足元は川なのか湖なのか池なのか、とにかく水場である。「ライダー版」では、彼方に火を噴く山が見えるのだが、これは何を意味するのだろうか。「マルセイユ版」を含む3種類のカードは女性の額、もしくは頭のすぐ上に光を抱いている。これは一体、何を意味するのだろうか。

より古い形を残す**「ヴィスコンティ版」**では、この女性には羽が生えていない。着衣や全体の佇まいから考えると、むしろ純朴な庶民のように見える。同じなのは、壺から壺へと何かを流し込んでいる姿だ。どうやら、注ぎ込まれているのは水のようだ。水が注がれる先の壺には、ワインが入っているといわれている。

え？　ワインと水を混ぜているの？　実は古代ギリシアの時代から、ヨーロッパでは

ヴィスコンティ版

「ワインの水割り」は、特別珍しくない飲み物だったそうだ。飲み過ぎを避けるために、あるいはアルコールに弱い女性のために、炭酸水で割ったワインを飲むことはドイツやフランスでは、今でも日常的にあることなのだとか。そういわれると、「節制」の意味が分かってくる。「飲み過ぎ」を避け、生活を律するための知恵である「ワインの水割り」。さらにいえば、「水割り」はあまり水を入れ過ぎてもおいしくないし、混ぜ過ぎないのも意味がない。バランスが重要だし、そのための「技」も必要だ。人生もまた然《しか》り。もともとは、そんな解釈ができるカードのように見える。

＊「天使」が「融合」しているものは……

「天使の羽」や「頭の光」、「足元の水」と「遠くの火山」……。「マルセイユ版」以降、カードに付け加えられたイメージは、「節制」のカードの解釈に、さらに深みを与えている。大アルカナで最初に天使が登場するのは、「6」の「恋人」。この時は、世俗の世界にいる人々は、天使の姿を見ることすらできていない。だが、「14」の「節制」では、登場する人物そのものが天使になっている。それは、『旧約聖書』に登場する知の象徴の天使、ケルビム（智天使）なのだろうか。旅をしている「愚者」は、すでに肉体という〝鎖〟から放たれているのだろうか。

熱く乾《かわ》いている「火山」と冷たく湿《しめ》っている「水場」。そこには、「熱・冷」「乾・湿」という「四性質」のモチーフがある。「熱」と「乾」を組み合わせると「火」、「熱」・「湿」が「風」、「冷」・「乾」が「土」、「冷」・「湿」が「水」。つまり、ここには世界を構成する「四大元素」の要素がそろっているのである。そこで「何かをブレンドしている」天使の姿は、世界をうまく「融合」させているようだ。額の光は「第三の目」なのだろうか。五感の向こうにある神秘的な世界。天使の目はそこまでも見据えているように思えるのだ。そう考えると、「水」が行き来する2つの壺は「意識」と「無意識」を表しているのだろうか。そして「水」のしたたる世界の中にいる**「ドリーミング・ウェイ・タロッ**

ドリーミング・ウェイ・タロット

ト」の天使は、生命のあふれる世界を象徴しているようにも見える。

アレイスター・クロウリーによる**「トート版」**はさらに先鋭的だ。大きな器に何かを注ぎ込んでいる人物は、陰と陽を併せ持つアンドロギュノス（両性具有者）のように描かれている。注ぎ込んでいるのは、「火」と「水」のようだ。それらが融合される様子を「水の番人」のワシと「火の番人」の獅子が見守っている。ここに描かれているのは、矛盾する要素を融合させて新たな世界を創り出す錬金術の秘儀なのだろうか。「トート版」だけこのカードが、「Art＝技」と名付けられているのが、象徴的だ。

「天使」は何を「融合」させているのか。どうして「融合」させないといけないのか。

「無意識」と「意識」、〈この二つの世界が、まったく守護天使の守りもなしに、無意識的

トート版

にごちゃ混ぜにされてしまうと、私たちの人生はどろどろとした混乱状態に陥り、しばしば悲惨な結果を招くことになる〉とサリー・ニコルズは『ユングとタロット』の中で書く。足すと「21」という数字が浮かびあがるタロットカードのペア。「14」の「節制」の裏にあるのは、「7」の「戦車」である。人間が「勝利」と「凱旋」を得るためには、矛盾する様々な物事を「融合させていく」ための「技」や「バランス」が必要――「戦車」と「節制」のペアは、そんなことを示しているのかもしれない。どうやら「愚者」は旅の中で、さらにまた世界の真理に触れたようである。

XV 悪魔

The Devil

破壊、暴力、過剰な努力、力の誤用、黒魔術……臆病、好ましくない人間関係、決心ができないこと――「悪魔」は無意識の中で「抑圧された部分」をも象徴する

*キャラクター・ビジネスと結びつくタロット

キャラクター・ビジネスが発達した現代、タロットもひとつのツールとして使われている。有名なのは、映画『007／死ぬのは奴らだ』で使われた「007タロット（通称・魔女のタロット）」だろうか。アーティストが手がけたデッキとしては、本書で取り上げている「魔夜峰央タロット」や「ダリ・タロット」などがあるし、手塚治虫《てづかおさむ》作品のキャラクターを使ったデッキもある。今回、「悪魔 The Devil」のカードで、ぜひ見てもらいたいのが、**「スターマン・タロット」**だ。真ん中にいる「悪魔」はカラフルでサイケデリックで、まるでロックの世界でいう「V系」のヴォーカリストのようだ。これは、グラム・ロックの雄、デビッド・ボウイが彼のステージセットのコンセプトなどを手がけたアーティスト、ダビデ・デ・アンジェリスと組んで作ったタロット。さすがボウイ、絶妙にスタイリッシュな絵柄である。

とはいえ、「スターマン・タロット」のデザインは、伝統的な様式を守っている。真ん

スターマン・タロット

中に「悪魔」がいて、足元に2体のしもべ（奴隷？）みたいなヤツがいる。他のクラシックなデッキを見ても、この「公式」が変わっていないのは分かるだろう。それはまるで、キリスト教でいう「父と子と聖霊」の「三位一体」を歪曲《わいきょく》した形のようにも見える。

では、この「悪魔」は何者なのだろうか。ゾロアスター教の「善の神」であるアフラ・マズダと対立する「絶対的な破壊者＝アーリマン」なのか。それとも、人間を闇の世界へと誘惑するメフィストフェレスなのか。**「マルセイユ版」**では、悪魔はコウモリのような羽を背負っている。キリスト教の伝承では、「光をもたらす者」であった大天使ルシファーは、「天から墜落して」悪魔サタンになったとされる。では、なぜ「天から墜落する」ことになったのか。いろいろとナゾは多い。

ライダー版

マルセイユ版

以前に少し触れているが、実はこの「悪魔」のカード、「教皇」のカードとよく似ている。**「ライダー版」**が分かりやすいので見比べていただきたい。「悪魔」も「教皇」もカードの中央に〝主役〟がおり、右手を挙げ、左手に何やら杖のようなものを持っている。手前に〝しもべ〟がいるのも同じだ。教皇の足元にある2本のカギは、「実は『悪魔』のカードでしもべがつながれている鎖のカギ」という説も、「教皇」のカードで紹介した。「教皇」といえば、「皇帝」よりも「王」よりも上位にある人間社会の精神的な指導者。なぜ、そんな高貴な存在が、「悪魔」と比べられるのか――。

*「悪魔」と「教皇」のカードのヒミツ

こういう時には、「数秘術」で考えてみよう。「悪魔」のナンバーはXV。「教皇」はV。「15＝5＋5＋5」、5の3倍だ。創造性を表す「3」を「かける」ということは、元の数の状態が非常に強調され、ある意味過剰な状態になっていることを示している。「5」は五芒星の形であり、人間存在そのものも示している。つまり、「XV」である「悪魔」は「教皇」や「人間」に含まれる要素が、「過剰に強調された」状態だといえるのである。「絶対的な権威」であり「力強い指導者」である「教皇」。それが「過剰」になると、どうなるのか。ちょっと周りを見渡してみよう、何か思い当たるところはないだろうか。内的世界を一途《いちず》に追い求めた「新興宗教」がいつの間にか「カルト」になる。起業して一代で会社を大きくした経営者が、いつの間にか「ブラック企業」のドン呼ばわりされている。そんな姿が目に浮かびませんか？　「人間」が「人間」として、脇目もふらずひとつの道に邁進《まいしん》することは、とても美しいことではあるのだけど、一歩間違えると「闇落ち」してしまう。「5＋5＋5」は、そんなことを暗示しているのではないのだろうか。

特徴的なのは、**「マザーピース・タロット」**。ここに登場する「悪魔」たちは、すべて

「男性」のようだ。「男性論理」を究極まで突き詰めると、そこに「悪魔」が誕生する。体育会系の「論理」がパワハラ扱いされるようになった21世紀の今、何となく分かるような気がしませんか？

しょせん人間は「不完全な存在」なのである。「不完全な存在」が自分を「不完全」と認識せずに暴走すると、周りから見ると「悪魔」になる。「優秀」な「人間」であればあるほど、裏返しの危険性も高い。「教皇」と裏表で「悪魔」が表現されることには、そんなメタファーがあるのではないだろうか。**「ニコレッタ・チェッコリ・タロット」**の「悪魔」は「美女」に固執するあまり、「矩《のり》を踰《こ》えた」存在に成り下がっている。その姿はもはや、「ヒトであること」をすら忘れているように見える。

マザーピース・タロット

「15」という数を分解すると「1」と「5」。これを足すと「6」になる。「6」は「恋人」

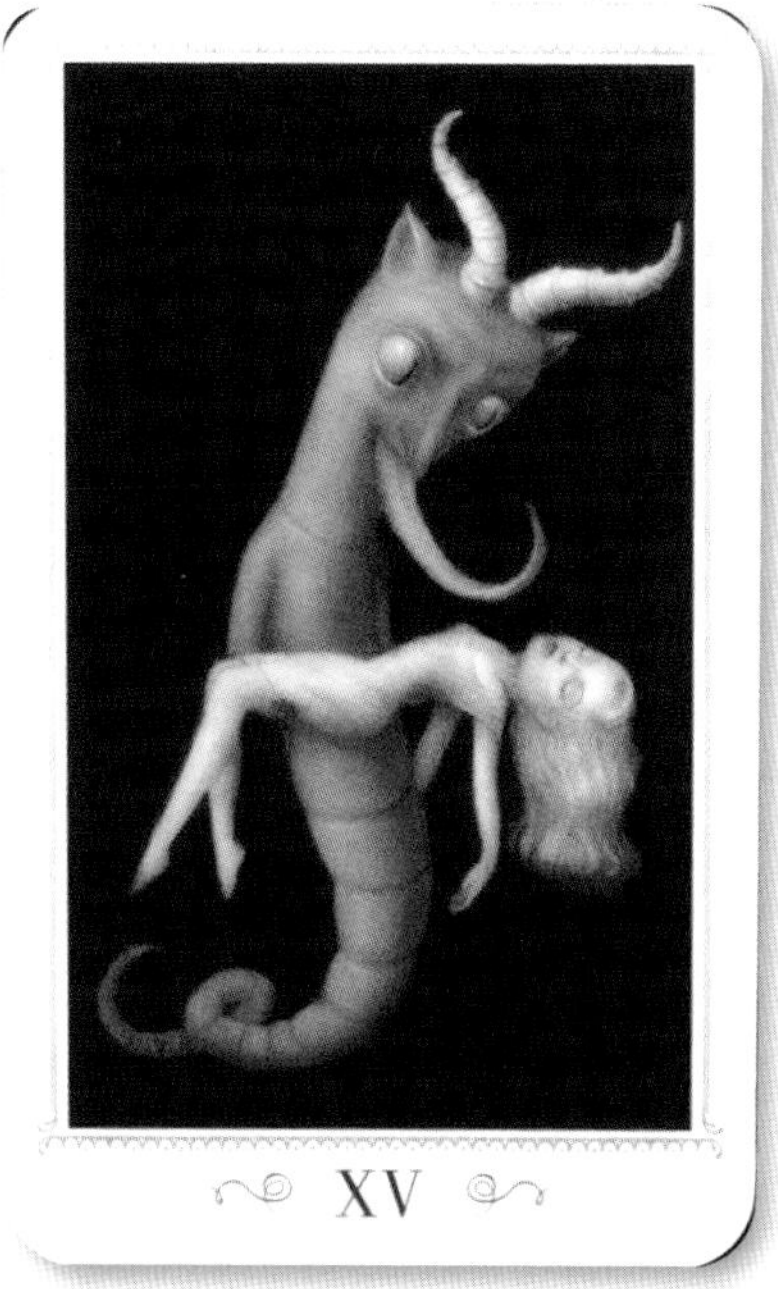

ニコレッタ・チェッコリ・タロット

のカード。「21」=「15＋6」であるから、「恋人」と「悪魔」はペアにもなっている。こう考えると、「悪魔」のカードは、「選択」を示す「恋人」のダークサイドなのだろうか。

イーデン・グレイは『皆伝タロット』の中で書く。〈人間自身が創り出したもの以外に悪魔はいない。そして、人間が自身の間違った選択のために縛られているのはここで明らかである〉。バランスを重視する「節制」が美徳ならば、その対極にある「妄執」「固執」こそが「悪魔」であり、それを生み出したのは人間自身ではないのか、「しもべ」をつないでいる鎖は緩《ゆる》く、自分自身で逃れることができるようにも見えるところに、何だか少し救いがある。

XVI 塔

The Tower

破壊、崩壊、すべての物事の清算、激変、啓示、解放……間違った告発、逆境、災難――良くも悪くもすべてが激変、清算される

＊「塔」は「バベルの塔」なのか？

「塔 The Tower」のカードを見て、まず頭に浮かぶのが『旧約聖書』、「創世記」の「バベルの塔」の物語である。

すべての地が同じ言葉を使っていた頃、人々は言った。「街と塔を作ろう。塔の先が天に届くほどの。有名になって、全地に散らされるのを免れよう」。主はその街と塔を見て仰《おお》せられた。「彼らは一つの民で、同じ言葉を話しているから、こんなことを企てたのだ。ならば彼らの言葉を乱し、互いに言葉が通じないようにしよう」。主がすべての地に人を散らされたので、街づくりは取りやめになった――。

P.ブルューゲル作《バベルの塔》（ウィーン美術史美術館蔵）

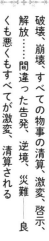

簡単にまとめると、こんな感じだろうか。「神の領域」である「天」を侵《おか》そうとする「虚栄心」から来る「傲慢」な人間の行為。怒った神による制裁。16世紀のオランダの画家、ブリューゲルが描いた「バベルの塔」の絵は、あまりにも有名だ。

「塔」＝「バベルの塔」。その解釈が世間に広く流布されたためか、このカードは、「死神」や「悪魔」と並び、大アルカナ22枚の中でも特に「不吉」なものとされている。ロール・プレイング・ゲームの名作「サガ・フロンティア」でも、「塔」は魔力を最大に使う超強力な攻撃魔法。複数の敵キャラを一気に壊滅してしまう。「塔」＝「破壊」。そのイメージは日本のエンタメ業界にさえ、浸透している。

ただ厳密にいうと、聖書での「バベルの塔」は「建設が取りやめられた」のであって、「神の手によって壊された」とは書かれていない。そこに微妙な違いがある。「塔」で描かれている建物は、「神の家」ともいわれているのだ（ちなみに「悪魔の家」といういい方もある）。「神の家」とは何を指すのか、「バベルの塔」とはどう違うのか。

カードの絵をもう一度、フラットな目で見直してみよう。**「マルセイユ版」「ライダー版」**など、主要デッキのコンセプトは一致している。①真ん中に「塔」があり、②王冠の形をした頂上部分が壊れている、③「塔」を壊すのは、天からの一撃だ、④そこからは2人の人間が落下している――。ただし、「マルセイユ版」に関しては「塔の内側から何か

ライダー版

マルセイユ版

（フェニックス？）が外に飛び出している」という見方もあるし、外にいる人は「落ちている」のではなく、塔の崩壊に驚いて、ただ「転倒」しているだけのようにも見える。

内にあった何かが飛び出すのか、外側からの力で建物が壊されるのか。いずれにしても、この塔は「王の権威に守られた」もののようで、それが火だるまになっていて、人間が崩落している状況は同じだ。**「トート版」**や**「ステラ・タロット」**で光を放射しているのは「神の目」だろうか。エジプトの太陽神ラーは自らを崇《あが》めない人間を滅ぼすため、片方の目から破壊の神セクメトを生

ステラ・タロット

トート版

み出したのである。すべてを焼き尽くす巨大なエネルギー、それは特に「トート版」で強調されているようだ。

まったく別の角度からカードを見てみよう。古くから神話や物語の「塔」の最上階には、「美女」が閉じ込められている。ディズニー映画でおなじみ、ラプンツェルは典型だ。「美女＝美しく気高い大切なモノ」が「幽閉されている」のが、「王冠＝世俗の権威」に守られた「神の家」だとすると、「神の一撃」は、破滅ではなく解放を意味しているのかもしれない。崩落している人間たちは、「塔を守っていた番人」な

ゴールデン・ドーン・タロット

のか、「近くにいて巻き添えを食った」のか。「マルセイユ版」の男たちは、塔の近くで転倒しながら「大地に生える命の糧《かて》」である草をつかもうとしているようにも見える。「巻き添え」になったことで、彼らは何かを得ることができたのか——。

傲慢な人間への「神の鉄槌《てっつい》」か、幽閉された「美しき存在」の解放か。いずれにしても「塔」が示すのは、既成概念の破壊である。よくも悪くも、これまでのことを清算し、無に戻すことを意味しているようだ。**「ゴールデン・ドーン・タロット」**では、崩壊した塔から人間とともに、白と黒の「陰陽の気」がこぼれ落ちている。「マルセイユ版」で画面を覆う4色の玉は、世界を作る「四大元素」のようだ。絶対的な破壊、ただその後には「新たな生」がある。そんなことを暗示しているのだろうか。

「バベルの塔」の物語に戻ろう。神によって「互いに通じない」多数の言語を持つことになった人間たちは、世界中に広がってそれぞれの文明を発展させ、多様な文化を育んだ。一時的な「崩壊」は、長い目で見れば「繁栄」につながったのである。「愚者」の「旅路」を振り返ってみよう。「傲慢」や「虚栄」は人間を「悪魔」にしてしまうのだ。だとすると、「その世界」＝「神の家」＝「塔」の「崩壊」は悪いことばかりでもない。何かに抑圧され、幽閉されていた「美女」は解放された。一から物事を作り直すチャンスが訪れたのだ……。

崩壊したのは「社会の秩序」なのか、「人間の傲慢や虚栄」なのか、「心を束縛している何か」なのか。青天の霹靂《へきれき》のような天からの一撃で、すべてが清算され、無になって迎える次のステージ。「塔」のカードは、「吊された男」から続く内面世界の「愚者の旅」が終局を迎えたことを示しているようだ。

XVII 星

The Star

希望、理想、純粋な願い、インスピレーション、無償の愛……傲慢、悲観主義、誤った希望、喪失——いつの世もヒトは、星に願いをかけている

＊そして訪れたのは、抜けるような青空の「ぽよんとした世界」

「愚者の旅」は、「星 The Star」からまた新たな局面に入る。

XVI、「塔」のカードが示したのは絶対的な「崩壊」、あるいは「解放」だった。良くも悪くも過去に築き上げてきた秩序はすべて「清算」され、「世界」はリセットされたのである。旅の第3段階を迎えた「愚者」。

ライダー版

「ライダー版」を見てみよう。新たな世界で彼を迎えたのは、抜けるような青空、天に輝く数多《あまた》の星だ。何ともあっけらかんとした世界。ぽよんとした「抜け感」があって、善も悪も超越したような不思議な空気が漂っている。

ちょっと先走ってしまうが、ここから先、「星」から「審判」までの物語は、この「ぽよんとした世界」で展開される。ページをめくりながら、「ライダー版」の「星」「月」「太陽」「審判」、4枚のカードを見比べていただきたい。絵柄がよく似ていることがお分かりになっていただけるだろうか。上の方に星やら月やらが輝いており、その下で何やらいろいろな物事がうごめいている。どうやらこれらの世界は地続きでもあるようで、「星」のカードから流れ出した水が、「月」に流れ込んでいるようにも見える。「抜け感」のある青空は、この直前にある2枚のカード、「塔」と「悪魔」が真っ黒な闇に覆われているのと好対照だったりもする。「闇落ち」していた内面世界を「愚者」はすっかり抜け出したようだ。

星々の下には女性がひとりいて、手に持った壺から大地や湖に何かの液体を注いででいる。この「女性」は、「アニマムンディ」なのだろうか。古代ヨーロッパ、プラトンの思想の中には「宇宙の生きとし生けるものは、すべて本質的につながっている」という考えがあった。その「つながっているひとつの魂」を「アニマムンディ＝宇宙霊魂」と呼んだのである。あるいは、彼女は直前のカード「塔」の中に幽閉されていた「美女」なのだろうか……。

彼女が手に持っているのは、神の美酒＝ネクターなのだろうか。「節制」のカードでは天使が「水」と「ワイン」をブレンドしていたが、ここで注がれるネクターはすでにそのブレンドを終えているようだ。それを地上に注ぎこむことで、「女性」は「自分の役割を果たしている」ようにも見える。ネクターは生命の源なのだろうか。とすれば、それはギリシア神話の死と再生の女神、ペルセポネの姿とも重なってくる。

*「人々を導く」希望を表す星

空に輝く星は、中央にひとつ、周りに7つ、併せて8つ。古くからこれは、「北斗七星」を表すとも、エジプトの女神イシスの象徴であるシリウスとその周りを彩るオリオン座ともいわれてきた。北斗七星の先にあるのは、ご承知の通り「北極星」。北半球では常に夜空に輝いて、船乗りの標《しるべ》となる星だ。シリウスは、太陽系の惑星を除くと全天でもっとも明るい星。エジプト人にとっては豊穣をもたらす「ナイル川の氾濫《はんらん》」を知らせる星でもあった。

「星が金星を表し、女性はヴィーナスの姿を模して現れている」という説もある。ヴィーナスは「愛」と「美」の女神。その象徴で、「太陽」と「月」の次にわれわれの目には明るく見える天体が、金星である。また、多くのカードでこの星は「八芒星」として描かれるが、それは東方の三博士を幼いキリストのもとに導いた「ベツレヘムの星」のイメージと重なる。つまりこの星は、それが「北極星」であろうが「シリウス」であろうが、それが「金星」だとしても「八芒星」だとしても、それらが「人々を導く星」なのは、間違いなさそうだ。

ちなみに「ベツレヘムの星」は現代日本の私たちにも、「クリスマスツリーのてっぺんにある星飾り」としておなじみだ。**「ステラ・タロット」**の星が「五芒星」なのは、そのツリーを意識してのことだろうか。**「ユンギアン・タロット」**の星の真ん中には「神の全能の目」である「プロビデンスの目」が描かれている。そこに描かれている「女性」は左手に持った金の壺と右手に持った銀の壺から、同量の液体を地上に注いでいるように見えるが、これは「無意識」と「意識」の自

ステラ・タロット

ユンギアン・タロット

然な融合を示しているのだろうか。**「マルセイユ版」**では、金星を思わせる赤い星の周りに、黄色と青の星がきらめいている。黄色は昇華された意識の象徴、青は過去の人間的な情緒や感情が霊化された表れ、とも解釈できる。これら天空に輝く「星」からは〈精神の光が螺旋状の光線となって放射されている〉と『トートの書』には書かれている。

星が照らす緑あふれる世界には、一羽の鳥も描かれている。「ライダー版」や「マルセイユ版」では、その鳥は樹木の上で佇んでおり、飛び立つべき刻《とき》を待っているようだ。**「マザーピース・タロット」**では、鳥はすでに空へ飛び立って、自由な生命を謳歌しているように見える。八芒星のもとで沐浴《もくよく》している女性は、空から降り注ぐ「生命の水」のシャワーを浴びて、エネルギーを体内に蓄《たくわ》えているようだ。

マルセイユ版

マザーピース・タロット

〽空に数多星が光る　誰も彼も星の御許　千の願い胸に膨らませ――

『無情のスキャット』という曲の中で、日本のヘビーメタルバンド、「人間椅子」はこんなふうに歌っている。古今東西、どんな世界だって、人間は星に願いをかけ、星々はそれをただ見守っている。「希望」と「理想」がきらめく星のカード。「愚者」が新たに足を踏み入れた世界は、ぽよんととらえどころのない場所なのだが、そこは優しく明るい光に包まれている。

XVIII 月

The Moon

直感、幻想、闇、欺瞞、不安、裏切り、錯乱、想像力……不安定、犠牲の末の平和——「月」が表すのは「夜の世界」

*「月」は様々な「顔」を持つ

いつか分からない時代、どこか分からない国。上空には2つの「月」が輝いている。ひとつは「自然の」月。もうひとつは、「人間が作った」ムーンステーションだ。入植者で賑わっていたムーンステーションだが、地上で起きた最終戦争の影響で物資を届けることができなくなってしまう。人々の見守る中で「死の世界」となった「第二の月」。地上にいる人々は、悔恨と憐憫《れんびん》、哀感と畏怖《いふ》の念を持って夜空に輝くそれを眺める——。

小劇場演劇の雄、ケラリーノ・サンドロヴィッチの人気作のひとつ『消失』には、こんな「月」のエピソードが語られている。天空の世界に「楽園」を作ろうとした傲慢な人間の行為に対する「神」の仕返し。「第二の月」の物語はまるで「バベルの塔」のようだ。古から夜空を彩っている「自然の月」と、人間の愚かさの墓標となる「人工の月」……。

空に輝く月に色々な意味を持たせているのは、何もこの戯曲だけではない。エジプトでも中国でも西欧でも、古今東西、ヒトは月を見つめ続け、そこから様々な表情を読み取って

ライダー版

マルセイユ版

きた。「愚者の旅」の17番目のカード「月 The Moon」、そこに描かれているのも、多彩な「月の顔」なのである。

　ぽよんとした世界に降り立った「愚者」。希望に満ちた「星」の次のステージ。月の下にはイヌが2匹いて、向こうには一対の建物が門のように構えており、真ん中に長い道がある。手前には池があって、水の中にはザリガニがうごめいている。**「マルセイユ版」**や**「ライダー版」**、**「ゴールデン・ドーン・タロット」**の絵柄はほぼ同じだ。2匹のイヌは神社の門前にいる狛犬《こまいぬ》のよ

ゴールデン・ドーン・タロット

うな存在なのか、地獄の番犬ケルベロスなのだろうか。「マルセイユ版」では建物の片方は「開いて」いて、もう片方は「閉じて」いるようにも見える。「ゴールデン・ドーン・タロット」では、建物は赤と青、異なる2色で描かれる。陰と陽の二元性を暗示する2つの「門」。その間をたどる道は、陰陽が融合する究極の世界へとつながっているのだろうか。

自ら光を放ち、昼間の世界を司る太陽。月はその光を反射して夜空を照らす。つまり、月は「心の中に秘められたもの」であり「無意識」の象徴である。池や沼地などの水辺は、「意識」と「無意識」の境目。水の中から這《は》い出ようとしている原始的な生き物、ザリガニは〈意識の開示の初期段階〉（『皆伝タロット』）を示しており、その姿は先史時代から変わっていないようだ。〈幾万年ものあいだ自分自身に対して真実を尽くしてきたザリガニは、主人公自身の壊されることのない本質のように映る〉と『ユングとタロット』でサリー・ニコルズは書く。「意識」の世界である陸上で夜空に向かって遠吠えをするイヌたちは、人間の中に潜む獣性を示しているのかもしれない。こんなふうに心の中でうごめいている様々な物事を鏡のように映し出すのが、天空にある月なのだろうか。ルナティック（狂気）という言葉があるように、月の映し出す世界は夜の闇の中にある人間社会の陰画でもある。不安、欺瞞《ぎまん》、妄想、まぼろし……『消失』に現れる自然の象徴、「第一の月」も、ただおとなしく輝いているだけではないようだ。

＊ざわ…ざわ…ざわ…心の奥底で波打つ様々な想い

「希望」の次になぜ「月」のカードがあるのか。**「ユンギアン・タロット」**を見てみよう。水辺を出て、イヌたちのいる原っぱを抜けた「人間」が陰陽の塔の間で「グレートマザー」の前に立っている。「大いなる存在」と向き合う前に、ヒトは自分の心の中を見つめ直さなければならないのだろうか。〈ここは生の入口でもあれば、死の入口でもある〉。『トートの書』の中で、アレイスター・クロウリーは「月」のカードについていう。〈丘の上には、名状しがたい謎や戦慄、恐怖が黒い塔となって立っている。偏見、迷信、旧習、何代にもわたる憎悪などが入り混じって、目の前の月の表面《おもて》を暗くする。この径《みち》を歩き出

ユンギアン・タロット

そうとするには、途方もない勇気がいる〉。心の中の闇と正《せい》対《たい》することは、だれにとっても簡単なものではない。

心の奥に潜む想い、ざわ…ざわ…ざわ…と揺れる感情。月が司る「無意識」や「深層心理」の領域は、芸術家たちの想像力の源でもある。白く冷たい月の光は、心の中のざわめきを鎮《しず》めていく。「マルセイユ版」、「ライダー版」、「ゴールデン・ドーン・タロット」をもう一度見てみよう。月からは「慈悲の光」がこぼれだし、地上にいる動物たちに降り注いでいる。「心の闇」の存在を認め、それを受け入れていくのならば、安らぎはそこにある。「第二の月」を直視してこそ、『消失』の世界には救いと未来があるのである。

「1JJスイス・タロット」の「月」のカードでは、月光のもと、恋の歌を奏《かな》でる男女の姿が描かれている。「心に移りゆくよしなしごと」をさりげなく照らし出す月。音楽や絵画、演劇や映画、様々な作品でその存在は取り上げられてきた。

〽ＭＯＯＮ　あなたは知ってるの
ＭＯＯＮ　あなたは何もかも
初めて歩いた日のことも――

1JJ スイス・タロット

Ｊポップの伝説的なバンド、ＲＥＢＥＣＣＡの『ＭＯＯＮ』にはこんな歌詞がある。ただただ人間たちの営みを見続けている月。その光は恐ろしくもあり、優しくもある。

XIX 太陽

The Sun

現世の幸福、幸せな結婚、名誉の獲得、使命感、明晰さ……自意識過剰、尊大、傲慢——とにかく明るい、世界を照らす光

＊「イカロスの翼」が教えてくれるものとは……

ダイダロスは優秀な細工師だった。イカロスはその息子である。ミノス王の求めに応じ、ラビリンスを作ったダイダロスだが、王の不興を買い、親子共々塔に閉じ込められてしまった。しかし、知恵者でもあったダイダロスは鳥の羽根をロウで固め、糸で結わえ、「翼」を作り上げる。塔から飛び立とうとする時、ダイダロスは息子にいう。「必ず中空を飛べ。低過ぎると海の水しぶきで羽根が重くなる。高く飛ぶと太陽の熱でロウが溶けてしまう」。最初は父親の戒《いまし》めを守っていたイカロスだが、だんだんと空を飛ぶのが楽しくなり、空高く翼を広げる。太陽に近づいた「イカロスの翼」。ロウが溶け、羽根はバラバラになる。そしてイカロスは、海へと真っ逆さまに落ちていった——。

ギリシア神話のイカロスの物語は、様々な教訓を後の世に残してくれた。技術のすばらしさ、それを生かすための知恵、力を過信したあげくの傲慢さが招いてしまう悲劇……。それはまるで現代のハイテク社会に警鐘《けいしょう》を鳴らしているようだ。上空に輝く太陽は、人間

の営みを遥《はる》かに超えた「力」であり、軽々しく触れてはいけない絶対的な「権威」なのである。ナンバー19のカード「太陽」が示すのは、そういう究極のパワー、完璧な論理。それはすべての生命の源となり、すべての世界を照らし出すとともに、近づくモノをあっという間に焼き尽くす。「月」のカードが支配する「夜の世界」は、すべてが曖昧《あいまい》で微妙、すぐに揺らいでしまう情緒的なものであふれていたのだが、「太陽」が照らし出す世界は明瞭で論理的。合理的な思考でまっすぐ真理に近づいていく。

どうやら、「愚者の旅」も本当に終わりが近づいてきたようだ。希望の「星」に導かれ、闇の中の「月」に抱かれて、「太陽」のもとにやって来た愚者。そこには、妥協を知らない「真実そのものの光」が鎮座している。「19」という数字は、「10＋9」であり、その「10」はさらに分解すると「1＋9」であるとも解釈できる。ナンバー9のカードである「隠者」が持っていたのは光を放つランタンで、そこにある「光」は「隠遁《いんとん》生活の賢者」が「内的な思索」の中で得たものであった。一周回ってより高次の世界に入っている「19」では、「何にも縛られない子供」が「真実そのものの光」の下にいる。その光は「内的な思索」による導きを必要とせず、自らの力で輝いているのである。「10」が示すカードは「運命の輪」。「真実そのものの光」は、「輪廻」というカルマさえも超越しようとしているのかもしれない。

マルセイユ版

ヴィスコンティ版

「ヴィスコンティ版」を見ても、**「マルセイユ版」**、**「ライダー版」**でも、太陽の下に子供がいるのは、なぜだろうか。〈太陽と子供という取り合わせは、占星術の立場から説明できる〉と『タロットの秘密』で述べているのは、鏡リュウジ氏だ。太陽は獅子座の支配星であり、黄道十二宮の五番目に位置する獅子座は「子供運」を司る、と鏡氏はいう。そう考えてみると、「真実そのものの光」は「生命そのもの」でもあるのだろう。純真で無垢な生命としての赤ん坊。ユングの「永遠の子ども」

ライダー版

という元型的イメージに照らし合わせて考えると、それは「最初の被創造物」であるとともに「最後の被創造物」でもある。とすれば、それは「愚者」と表裏一体の存在にもなっているようだ。愚者はイヌを連れているが、赤ん坊は白馬にまたがっている。「無垢なる存在」が「聖獣」を従えるというイメージは「ユニコーンと処女」の物語とも重なってくる。

＊描かれるのは、「とにかく明るい」浄化された世界

「マルセイユ版」や**「トート版」**などでは、陽光の下の「子供」は2人いる。そういえば、「月」のカードにいたイヌも2匹だし、「悪魔」に束縛されていた下僕も2人だった。「マルセイユ版」では左側の子供がもうひとりの「困っている」子供を「導いている」ようにも見える。左側の子供は「進化」を終え、「解放」された存在なのだろうか。「悪魔」

トート版

で縛られ「月」で獣性を露呈していた存在が、絶対的な光の下ですべての物事を浄化され、「無垢なる者」へと戻っているのだろうか。「悪魔」のカードの番号である「15」に、世界を構成する四大元素を表す「4」を足すと「19」の太陽になる。四大元素の力を借りて人間の心の奥底に潜む悪魔を追い出した姿が「太陽」であると、タロットはいいたいのかもしれない。

「マザーピース・タロット」の「太陽」のカードでは、男性、女性、キリンにシマウマ、人間も動物も平等に、手を取り合って生きる喜びを満喫している姿が描かれている。祝福、勝利、相互に助け合う「愛」の心。「太陽」が照らし出すのは、「とにかく明るい」浄化された世界なのである。まあ、何事にも裏表のあるタロットの世界。そこで慢心してしまうと、それは「自意識過剰」や「尊大」、「傲慢」になる……。

もう一度、イカロスの物語を思い出していただきたい。絶対的な力の前で傲慢な心を持つことは、すなわち身を滅ぼすことになってしまう。21世紀の現代、頭《こうべ》を垂《た》れるべき「太陽」とは何なのか。それを考えることが、実は今、重要なのかもしれない。

マザーピース・タロット

XX 審判

Judgement

救済、新規巻き直し、奇跡的な復活、転換期の訪れ……訴訟による消失、無気力、弱さ、別離——「過去」となっていたものが新たな形で姿を現す

＊そこで描かれるのは、「最後の審判」

〈「それらの日に起こる苦難の後、たちまち
太陽は暗くなり
月は光を放たず
星は天から落ち
天の諸力は揺り動かされる。
その時、人の子の徴《しるし》が天に現れる。そして、その時、地上のすべての部族は悲しみ、人の子が大いなる力と栄光を帯びて天の雲に乗って来るのを見る。人の子は、大きなラッパの響きとともに天使たちを遣わし、天の果てから果てまで、選ばれた者を四方から呼び集める」〉（「マタイによる福音書」24章29—31節、聖書協会共同訳）

旅路の果て、愚者はついに「終末の刻」を訪れる。『新約聖書』に記されたその時、「ヨ

ハネの黙示録」ではさらに詳細に、幻想的にその時の様子が描かれる。「七つの角、七つの目」を持った「屠《ほふ》られた小羊」が「七つの封印」を解いた後、7人の天使が7つのラッパを吹く。様々な破壊の力が地上を襲った後、天から神の支配を宣言する声が聞こえる。神は悪魔を打ち負かし、「最後の審判」が始まる。

〈また私は、死者が、大きな者も小さな者も玉座の前に立っているのを見た。数々の巻物が開かれ、また、もう一つの巻物、すなわち命の書が開かれた。これらの巻物に記されていることに基づき、死者たちはその行いに応じて裁かれた〉（「ヨハネの黙示録」20章12節、聖書協会共同訳）

ライダー版

審判の後にヨハネが幻視した「新しい天と新しい地」、「聖なる都、新しいエルサレム」には、「もはや死もなく、悲しみも嘆きも痛みもない」。ちなみに蛇足だが、「人の子」や「屠られた小羊」はイエス・キリストのことを示している。

「ライダー版」でも**「マルセイユ**

版」でも、「審判」のカードに描かれているのは、この「最後の審判」の一場面だ。天使のラッパが鳴り響く中、棺《ひつぎ》を開けて死者たちが起き上がってくる。「審判」を受けた人々は、さなぎから羽化するチョウのように、メタモルフォーゼを遂げて「新天新地」に旅立っていくのだろうか。「マルセイユ版」では、真ん中に「青い人」がいる。「青」という色が示すのは、「過去」であ

マルセイユ版

フラ・アンジェリコ作《最後の審判》（サン・マルコ美術館蔵）

ダリ・タロット

り「記憶」。このカードは、それらが昇華されていく状況を示しているのだろうか。「マルセイユ版」でその「青い人」を注視している男女は、楽園を追放されたアダムとイブのように見える。再生と救済をイメージさせるこのカード、「新規巻き直し」「奇跡的な復活」「絶望的な状況からのカムバック」という解釈もされている。奇想の画家、サルバドール・ダリが描く**「ダリ・タロット」**。生命の象徴でもあるチョウが舞う中でのラッパの音。それは、青い「記憶」のそこここにある「黒いもの」を吹き飛ばしていくようだ。

＊「終末」「復活」「救済」……そのイメージが示すものは

ラッパを吹く天使は、十字を描いた旗を持っている。〈これは2種類の時間が出会うことを象徴しています〉と『タロットの書　叡智の78の段階』で書くのは、アメリカのSF

作家でタロット研究家のレイチェル・ポラック。ひとつはわれわれが生きている「通常の」時間、もうひとつは〈生命の霊的な認識を通じて現れる永遠〉。「ふたつの時間」は中央部で交わる。それは、人間が「過去の行い」を放棄することなく、〈新しいやり方で引き受けていく〉ことを示しているという。「再生」は過去を忘れ去ることではない。「月」のカードでも示された通り、人間はそれを受け入れ、直視し、乗り越えていかなければならない。

トート版

まったく違うイメージを提示するのが、**「トート版」**だ。このカードを「The Aeon＝永劫《アイオン》」と名付けた「20世紀最大の魔術師」アレイスター・クロウリーは、〈このカードでは、従来の伝統的なものから完全に脱却することが必要であった。逆にそのことが伝統の維持に役立つ〉と

『トートの書』で述べる。クロウリーによると、「古いカード」で示された「火によるこの世の破壊」は〈一九〇四年に実現〉し、〈この年、東方では風神オシリスに代わり火神ホルスが、神官になった〉のだそうだ。そこで〈新しい永劫の初めに、その到来を地球に告げた天使の言葉を明らかにするのが妥当〉であり、新たなカードは〈啓示の石碑〉の修正版なのだという。中央にいるのはそのホルスであり、彼を「子宮の中で」庇護《ひご》しているのは、ホルスの母親の「星の女神」のヌイトだろう。生まれたばかりのホルスの姿が二重写しで描かれているのは、「新しい永劫」が始まったばかりで、まだその行く末が分からないことを象徴しているのだろうか。いずれにしてもこのカードは、「転換期の訪れ」を表しているようである。

新約聖書の「最後の審判」、そこで描かれるのは「キリスト教徒の救済」だが、現代のタロットはより広い意味を持つようにも思える。「20」という数字は「運命の輪」の「10」を2つ足した数であり、そこからは東洋的な「輪廻」からの「解脱」のイメージも見えてくるからだ。仏教では、56億7000万年後に弥勒菩薩《みろくぼさつ》が下生《げしょう》して、釈迦《しゃか》遺法の弟子を救済するともいう。カードで示された「終末」「復活」「救済」……「愚者の旅」は大団円を迎える。

XXI 世界

The World

完成、調和、成功、解放、勝利、旅と移動……変化や旅への怖れ、執着、自己満足、未完成――「旅の終わり」は「新たな旅」へとつながっていく

＊最後にたどり着いたのは、すべてのモノが踊る「世界」

「愚者の旅」はついに終点にたどり着いた。最後のカードは「世界」である。**「ライダー版」**を見てみよう。抜けるような青い空、羽根（？）で囲まれた結界の中に、女性がひとり浮かんでいる。獣や人、鳥が見守る中、手にロッドのようなものを持って、何だか踊っているように見える。とてもハッピーで穏やかなイメージ、それが「世界」のカードの基本になっている。

ライダー版

　女性を囲む「羽根の輪」は円環を示しているようにも見える。ふわふわとした羽根は、それが天使に守ら

れているイメージなのだろうか。何だか神聖な雰囲気だ。円環といえば連想されるのが、自分で自分のしっぽを咥《くわ》えている伝説のヘビ「ウロボロス」。初めもなく終わりもない、ウロボロスの姿は古来、永遠、不滅を象徴するものとされてきた。

真ん中にいる女性は何者だろうか。すべての魂の源である「宇宙霊魂《アニマムンディ》」なのだろうか。**「マルセイユ版」**でも「ライダー版」でも薄衣を纏《まと》っているこの「女性」、実はアンドロギュノス（両性具有者）ではないか、という説もある。男でも女でもない生命そのもの、「永遠の円環」に囲まれた姿は、なるほど、そういう存在がふさわしいようにも思えてくる。四隅で女性を見守っているのは、ワシ、獅子、牡牛、人間の「四聖獣」。世界を構成する「四大元素」の象徴に囲まれた「円環の世界」は、すべての可能性を内包する「宇宙卵」のようでもある。

マルセイユ版

真ん中の女性はどうして踊っているのだろうか。「踊る神」といえば、インド神話のナタラージャ。

タロー・デ・パリ

「舞踊の王」ともいわれるこの神は、ヒンドゥー教の主神のひとつ、シヴァ神の踊る化身であり、踊りながら世界の破壊と創造を司る。**「タロー・デ・パリ」**の女性（？）はタウ十字が描かれた地球の上で踊っているのだが、丸と十字はマンダラを構成する基本要素だ。そして、ユング心理学では、マンダラを「人類に共通する宇宙観を示すイメージ」と位置づけ、特定の宗教を超えて無意識の中に存在しているものだという。〈ここでは、これまで主人公が苦闘してきたあらゆるすべての対立し合う力が、ひとつの世界に統合されている〉とサリー・ニコルズは『ユングとタロット』の中で、このカードについて書く。そこでは〈意味も無意味も、科学も魔術も、父も母も、霊も肉もすべてが一緒になって、純粋な存在者が舞う調和のとれたダンスの中へと流れ込んでいく〉のである。

「マザーピース・タロット」を見ると、その「生命そのものの踊り」は、すべての民族の

マザーピース・タロット

「平等」や「統合」を示唆しているようにも見える。ここで踊っている女性（？）はタンバリンを持ち、生命の炎の松明《たいまつ》を掲げているのだが、「マルセイユ版」や「ライダー版」では、彼女はロッドを持っている。それは、ナンバー1のカード、地上に降りた「愚者」が最初に化身した「魔術師」が持っていた、四大元素を操るロッドなのだろうか。数々のカードで女性たちが足をクロスさせているのは、キリストの十字架を暗に示しているのだろうか。いずれにしても、最後の最後に「愚者」が訪れたのは、森羅万象を網羅した、すべてのものが平等で完成された「世界」。そこは、聖書の黙示録に提示された「最後の審判」の後で現れる「新たなエルサレム」なのかもしれない。〈世界は、人間がそこからやってきて、そこへ戻る、理想的な状態とも考えられている〉と『皆伝タロット』でイーデン・グレイはいう。

＊すべては「一刻の夢」なのか

思い出してみよう、「愚者の旅」のスタートを。タロットのナンバーの外にある「0」である「愚者」のカードは、「イノセント」であり、「すべての可能性を秘めた」存在なのだった。アレイスター・クロウリーの『トートの書』によれば、それは「〈大いなる業《わざ》の始まり〉の象徴」だったのだ。クロウリーは「宇宙（＝世界）」は「〈大いなる業〉の成果の顕現《けんげん》」を表しており、「愚者」と「宇宙」の間の20枚のカードは各段階の〈大いなる業〉とその代理人たちを表すという。イノセントな「愚者」が始めた旅は、様々な段階を経て「世界」にたどり着いたのだが、その「世界」はすべての可能性を内包する「宇宙卵」でもあった。「愚者」は様々な段階の経験をして、スタート地点である「イノセントな世界」に戻ってきた。

それはつまり、一夜の夢のようなものなのだろうか。それはまた、禅宗で「悟り」のプロセスを「牛を探す」10枚の絵で表した「十牛図《じゅうぎゅうず》」のようなものなのだろうか。おじさんが寝ている姿を描いた**「ドリーミング・ウェイ・タロット」**は、まさに「一刻の夢」のイメージだ。私たち地上の人間の代表であるおじさんは、やがて夢から覚めて現実の世界に立ち戻らなければならない。そして、「夢」とは裏腹の現実社会を生きながら、新たなる「愚者の旅」を心の中に育み始める。ひとつの旅の終わりは、新たな旅の始まりへとつながっていく。それはウロボロスのように終わりのない円環であり、永遠の生命がそこには輝き続けているのだ。

〈うつし世はゆめ、よるの夢こそまこと〉

ヒトの心の裏側を描き続けた怪奇と幻想の作家、江戸川乱歩《えどがわらんぽ》の言葉である。

ドリーミング・ウェイ・タロット

コラム　百花繚乱の現代タロット

15世紀のイタリアから21世紀の日本に至るまで、タロットは世界中で様々な文化と結びつき、様々な人々の想像力を刺激してきた。それぞれの時代、それぞれの地域でタロット制作者たちはイメージを膨らませ、数多くのデッキを作成してきた。東京・浅草橋にある東京タロット美術館は、約3000種類のカードデッキを所蔵している。どんなデッキがあるのか、こちらもイズモアリタさんに解説してもらおう。

「おおざっぱにいって、①ヴィスコンティ版、②マルセイユ版、③「黄金の夜明け団」の系譜、④ニューエイジ系のカードの4系列に大別されますね」とアリタさんはいう。

「ヴィスコンティ版」は、「ヴィスコンティ・スフォルツァ版」など、15世紀のイタリア貴族社会で流布していたデッキを基本とするもので、失われたカードはその他のカードや同時代のデッキなどから類推して作られている。「マルセイユ版」は17～18世紀に流通していた木版画の〝庶民のカード〟。「バッカス・タロット」や「タロー・デ・パリ」などの派生型がある。18～19世紀のフランスで、「マルセイユ版」と神秘主義とが結びついた

Motherpeace
TAROT DECK
VANDENBORRE
TAROT
The Jungian Tarot
Robert Wang
The Medieval Scapini Tarot
THE RIDER TAROT DECK
THE MAGIC
魔夜峰央タロット
MUSEUM QUALITY
VISCONTI di MODRONE TAROT
CARY-YALE VISCONTI
15TH CENTURY TAROCCHI DECK
Dreaming Way Tarot
ALEISTER CROWLEY
THOTH
TAROT DE PARIS
GOLDEN DAWN Tarot
TAROT
FRANÇOIS GASSMANN 1840

「エテイヤ版」や「オズヴァルド・ヴィルト版」もある。

イギリスの魔術結社「黄金の夜明け団」(ゴールデン・ドーン)の影響下からは、「ゴールデン・ドーン・タロット」に加え、「ライダー版」、「トート版」が生まれた。「ライダー版」と「トート版」は、現在でも影響力の大きいデッキだ。20世紀後半に派生した「ニューエイジ系のカード」には、「東洋哲学やネイティブアメリカンのグレートスピリットのような諸地域のフォークロアなどにも絵柄の着想を得ていて、英仏で培《つちか》われてきたオカルティズムとは一線を画す雰囲気があります」とアリタさん。フェミニズムの影響を如実に表しているのが1980年代に発売された「マザーピース・タロット」。「ユンギアン・タロット」、禅の思想を持ち込んだ「和尚禅タロット」も有名だ。

また、画家のサルバドール・ダリなど、タロットの持つ奥深いイメージに触発されて自ら作画するアーティストも20世紀以降は増えている。カウンター・カルチャーとの結びつきが強くなってきた現代では、グラム・ロックの雄、デビッド・ボウイがプロデュースした「スターマン・タロット」のように、映画やアニメ、特定のミュージシャンなどとのコラボレーションも行なわれるようになっている。

タロットの絵柄は時々の社会情勢、そこで生きる人々の心理に左右される。だからこそ、21世紀の今も新たなタロットが次々と生み出されるのだ。

第3章

小アルカナの世界

＊「小アルカナ」と「トランプ」のルーツは同じ？

78枚のカードで構成されるタロットのデッキ。22枚、すべて異なる構図の絵札で構成されている「大アルカナ」に対して、56枚の「小アルカナ」は「棒《ワンド》」「聖杯《カップ》」「剣《ソード》」「金貨《コイン》」の4種類のスートに分かれており、それぞれ1～10の「数札」と「小姓《ペイジ》」「騎士《ナイト》」「女王《クイーン》」「王《キング》」という4種類の「人物札（コートカード）」で構成されている。「あれ、どこかで見たことがあるな」と思われる方も多いかもしれない。そう、「小アルカナ」は「トランプ」とほぼ同じ構成なのである。

大アルカナの原型は、イタリアの貴族社会で作られていた絵札だといわれている。では、小アルカナやトランプのルーツはどこにあるのか。「それらの源流は中国にある」というのが現在もっとも有力な説だ。中国では唐《とう》の時代（618～907）にはすでにカードゲームが遊ばれていたといわれており、いろいろな紙牌《チーパイ》や骨牌《コッパイ》が作られた。明《みん》代（1368～1644）に士大夫の間でよく遊ばれていたのが「馬弔《マーチャオ》」というゲームで、そこで使われていたカードがアラビア世界を経てヨーロッパに伝わり、形を変えてトランプになったといわれている。ちなみに、この「馬弔」が骨牌と融合して出来上がったのが「麻雀《マージャン》」だといわれており、そうすると「タロット」と「麻雀」は遠い親戚といえるのかもしれない。

＊「棒」「聖杯」「剣」「金貨」……4種類のスートの意味とは

アラビアのトランプには、「貨幣」「カップ」「刀剣」「ジャウカーン（ポロ競技用のスティック）」という4種類のスートがあり、「王」「総督」「第二総督」という3種類の絵札があったという。このトランプは14世紀ごろにヨーロッパに到達したらしく、ポロ競技が欧州ではなじみがなかったことから、「ポロ競技用のスティック」のスートが「棒」や「杖」になったとされる。そして、このトランプの「原型」がイタリアの貴族社会で遊ばれていた絵札と合わさって15世紀半ばに出来たのが「タロット」という説が、現在有力なのである。

このトランプ、小アルカナの原型は、すぐに大陸全般に広がったらしく、15世紀後半になると、フランスではクラブ（♧）、ハート（♡）、スペード（♤）、ダイヤ（◇）の4スートが定着した。「小アルカナ」のスートは、「棒（wands）」「聖杯（cups）」「剣（swords）」「金貨（coins）」の4種類だが、「クラブ＝棒」、「ハート＝聖杯」、「スペード＝剣」、「ダイヤ＝金貨」に対応させるのが一般的だ。プラトン、アリストテレスら古代ギリシアの賢人たちは「この世界は、火、土、水、風という4種類のエレメントからできている」と考えていた。「小アルカナ」のスートは四大元素「火」「土」「水」「風」の象徴でもあり、一般的には「棒」＝「火」、「聖杯」＝「水」、「剣」＝「風」、「金貨」＝「土」という対応になっている。

「四大元素」と「小アルカナ」を対応させると、それぞれのスートはこんな解釈になるだろうか。燃えさかる「火」は、ほとばしるエネルギーを意味する。「棒」には何かの意図を持って使われている「道具」のイメージもある。つまり、「棒」は、意志を持って外界に放出されるエネルギー、「情熱」「力」「意志」「ひらめき」といった意味を持つ。磔刑に処せられたイエス・キリストの血を受けた「聖杯」。それは血液の循環を司る「心臓」＝「ハート」と結びつけられるものであり、「愛情」「感情」「叙情性」などを表している。

対象を「切り分ける」のが「剣」。これを正しく使うためには、冷静さや判断力が求められるため、「知性」や「思考」を意味する「風」と結びつけられている。ただし、スペードのカードが「不吉」を意味することが多いように、「分断」とか「非情」とかの意味に取られることも多い。「金貨」は経験を積んで得ることができた信頼の基盤、つまり「地に足がついた」状態を示す。それは「物質的」な「現実」を味わうために必要な「五感」も示している。現実社会で豊かな生活を送るためには「金貨」は必要不可欠なもの、というふうに捉えると分かりやすいかもしれない。「小アルカナ」の「数札」は、4種類のスートが持つ「四大元素」の意味と、以前に説明した「数秘術」に基づく1〜10の数の意味を組み合わせて解釈される。

ちなみに、アリストテレスは四大元素を構成する性質を「熱・冷」「湿・乾」という

2つの対立項に分け、「熱・乾」が「火」、「熱・湿」が「風」、「冷・乾」が「土」、「冷・湿」が「水」となる、としている。この考え方は、錬金術や占星術と結びつき、近代科学が誕生するまでは、西洋の世界観の中心に座していた。科学の発展によって、それはいったん時代の外へと追いやられていたのだが、スイスの心理学者、カール・グスタフ・ユングやフランスの哲学者、ガストン・バシュラールらが人間の無意識や想像力と「四大元素」との相関性を主張したことで再評価されるようになった。たとえばユングは、「四大元素」を参考に、人間の心を「思考・感情」「直感・感覚」という2つの対立軸を持つ4項の機能に分解し、それらの組み合わせで成り立っている、と主張した。「思考・感情」「直感・感覚」の4項による人格分析は現在でも行なわれており、会社の研修プログラムなどでお目にかかった方も多いのではないだろうか。

＊コートカードは何を意味するのか

トランプと小アルカナの最大の違いは、「人物札（コートカード）」である。トランプが「王」「女王」「従者」の3種類を基本にしているのに対し、「小アルカナ」は「王」「女王」「騎士」「小姓」の4種類が基本になっている。この人物札の異同にどういう意味があるのかは、今のところはっきり分かっていない。4種類の「人物札」は通常、「王」「女王」「騎士」「小姓」の順番で並べられるが、デッキによっては、「騎士」が「王」よりも上位に来ることがある。その際には、「王」が統治するのは自分の領地だけだが、「騎士」はより崇高な使命のもと世界を移動することができて、それぞれの土地で「騎士」としての活動が自由にできるから、という説明がされているようだ。

それらの「人物」のイメージと、「棒」「聖杯」「剣」「金貨」の4スートとの組み合わせで、「人物札」の意味も決まってくる。「数札」でも「人物札」でも、「小アルカナ」では、4種類のスートの示す意味、数や人物の持つ意味がはっきりしているため、「大アルカナ」よりも具体的で細かいディテールを示していることが多い、とされる。解釈の幅が広く自由度が高い「大アルカナ」とピンポイントで何かの状況を示してくれる「小アルカナ」、対照的な「大」と「小」があって、タロットの世界は成立しているのである。

次のページから個々のカードの意味を「マルセイユ版」を基に見てみよう。

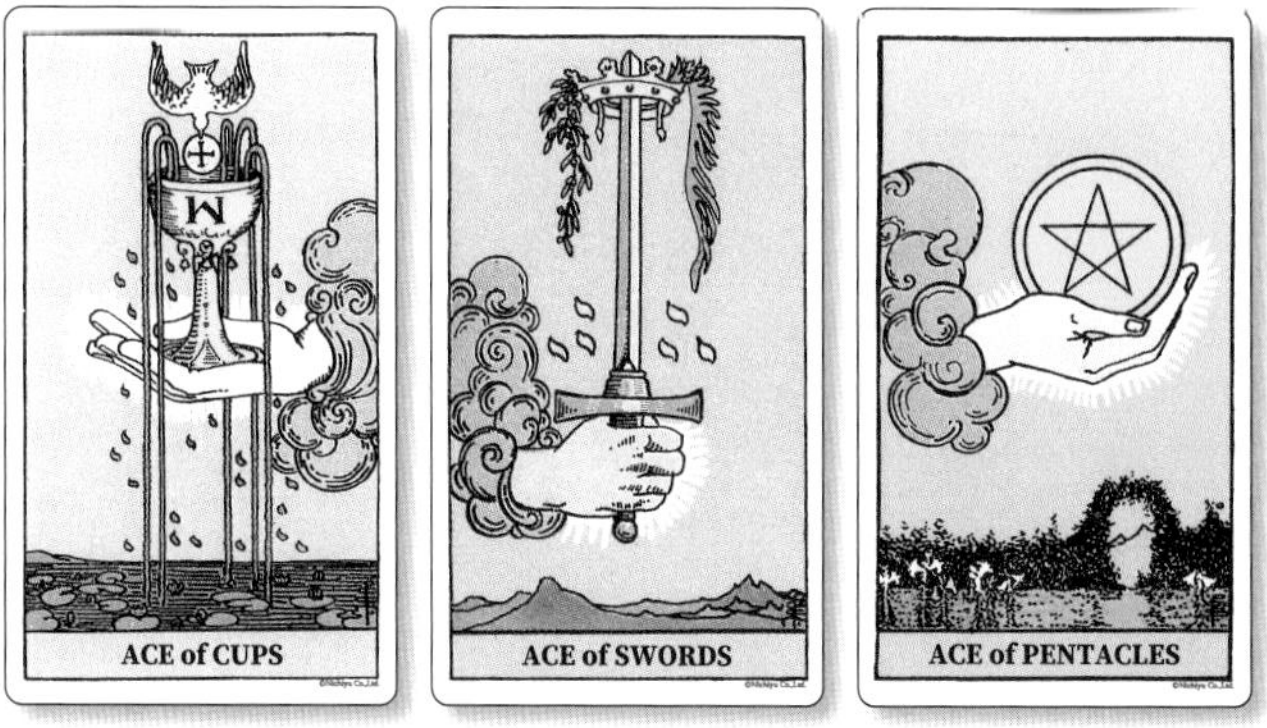

ライダー版の数札

マルセイユ版の数札

I

「すべての物事の始まり」。4種類のスートの持つ純粋なエネルギーが、まさに今放出されようとしている状況を示している。

棒

「棒」に対応する四大元素は「火」。それは「情熱」「力」「意志」「ひらめき」を意味する。その「物事の始まり」は、「旺盛な生命力」や「宇宙や世界を動かそうとするエネルギー」を指し、「物事にまっすぐぶつかっていこうとするポジティブな姿勢」を表している。具体的に示すのは、「旅や冒険の始まり」「家族を作ること」だ。

聖杯

「聖杯」は「水」。「愛情」「感情」「叙情性」などを表している。その「始まり」はつまり「神の恩寵を受けること」であり、「癒やし」や「精神的な覚醒」が「純粋にもたらされること」を示している。「愛情」や「感情」が「動き始めること」を具体的にいえば、たとえば「初恋」。物事に対する「最初の胸の高まり」をも表している。

物事のスタート、純粋なエネルギー

剣

「剣」は「風」。「知性」や「思考」「公正さ」の象徴である一方で「分断」や「非情」をも示す。その「始まり」は、「冷静な知性のひらめき」や「客観的で公正な態度を求め始めること」を示しており、「自分と他人との間の境界線を明確にすること」でもある。「勇敢なリーダーの資質を持った子供の誕生」を示唆することもある。

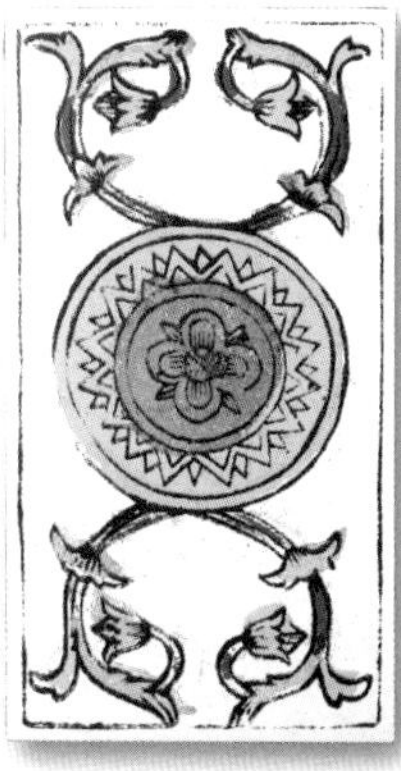

金貨

「金貨」は「土」。それが象徴するものは「現実」や「物質社会」を生きるために必要な性質や物事だ。つまり、その「始まり」は自分自身の肉体、仕事、経済状況などの「現実」と「新たに向き合う」ことの必要性を示している。それは「事業の開始」かもしれないし、「相続の可能性」や「健康になるための生き方」かもしれない。

Ⅱ

「始まり」の「1」が初めて分化した状態。物事が動き出し、対立、共存、調和など、様々な関係性が生まれる。重要なのはバランスだ。

棒

「何か」が動き始めた。だが、その動きを止めようとする力もある。両者の葛藤の中で、何を「選択」するべきか。未知の世界に向かう「勇気」や「静と動にメリハリがある状態」をカードは示す。人で表すと計画の成就までの過程を「受け止める」「寛大な人物」だろうか。悪くいえば、状況に対する「不安」や「怖れ」「閉塞感」を意味する。

聖杯

2つの主体は強く惹《ひ》かれあい、何かの関係が始まりつつあることを示している。それは「恋愛」や「友情」の始まりであり、パートナー同士の「調和」や「共感」も示す。だが、その「何らかの関係」はプラスばかりではない。相手と自分の相違点を探したり、優劣を競ったり、そういう「緊張関係」に陥る可能性もある。

対立、共存、調和……
「分化」が生む様々な事象

剣

「2」は最初の「分化」であり、「剣」は物事を「分断」する力。その力をどういうふうに発揮させればいいのか。「感情のバランスを上手く取らなければいけない」状況や「トラブルの起こる可能性」がそこにあり、その重圧で「他人から離れて引きこもる」可能性も示唆している。今は自分自身を冷静に見直すべき時なのかもしれない。

金貨

黄金は地の底で発見され、それが加工された後は取引のための貨幣となる。「物質」を象徴する金貨は、他者との関係を持つことで、「交換」という価値が生まれる。それはまた、複数の物事に対し、絶妙なバランスを取りながら対処している「保留状態」をも示唆する。そして、そのバランスを崩すことは「間違いを犯す」ことにつながる……。

Ⅲ

能動的な「1」と受動的な「2」が組み合わさって、新たな「創造」が始まる。完成に向かって変化していく、成長状態を示す。

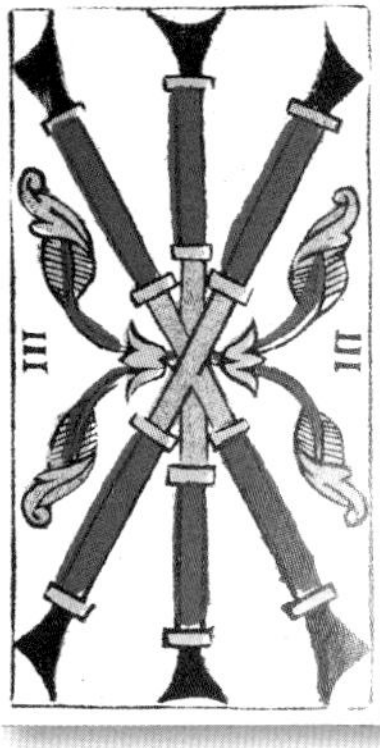

棒

エネルギーが増大し、発展していく。それは具体的にいえば、「一族の繁栄」であり、「生産力の増加」、「旺盛な創作活動」を示している。また、その速度が加速し、周囲の環境も良くなっていることも示す。マイナスの意味になる場合は、「生産力の低下」や「急すぎる発展」「やり過ぎ」などを意味する。

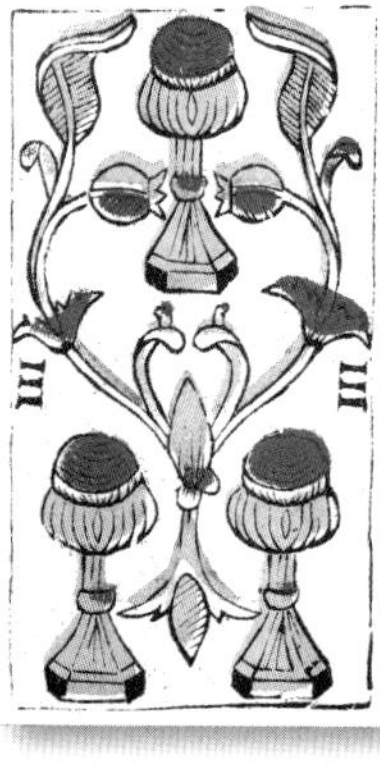

聖杯

心と心の結びつきが発展し、強まっていく。つまり「男女の愛情関係の進展」、何かに対する時に「気持ちが豊かになっていく」様子、「いい感じで心が成長していく」状況などを示している。マイナスの意味で現れる時は、結びつきが発展しない状況、つまり「気が乗らない」「素直には喜べない」様子を表す。

創造、発展、成長、豊かさ

剣

バランスの取れた状況から「剣」で何かを「切り裂こう」としている状態。それは、つまり何らかの状況を「打開」し「突破」することでもあるが、安定した状況にメスが入ることは「別れ」の「悲しみ」をもたらすことでもある。それらの状況は、「緊張感が増す」ことや「困難が増す」ことにもつながっている。

金貨

「金貨」が象徴するのは「地に足がついた」物事。それが「創造・発展」するのだから、このカードは「物質的な豊かさ」や「資産の増加」を示す。「新たな事業が開発」されるのかもしれない。それは「着実に発展」するのである。マイナスのイメージとなる場合は、「資産の減少」や「物質的な豊かさの欠如」を示す。

Ⅳ

「四大元素」や東西南北の4方位を想起させる「4」は世界の調和を表す。「3」で生まれた物事がより安定した状態になる。

棒

情熱を持って取り組んできた物事が「落ち着き」を迎える。それは「土台ができた」ことであり、「ひとつの完成形ができた」ことをも示している。「完成」とそれがもたらす「安定」は、家族を含めた多くの人々の喜びへとつながっている。それは神々からの祝福である「結婚」を意味することもあるだろう。

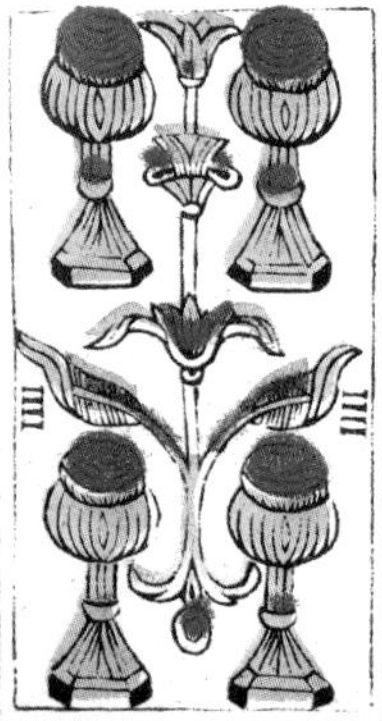

聖杯

家族や家庭が安定し、リラックスした居心地のいい状況が整っている。ただ、そこまで安定した環境になってしまうと、それに「飽《あ》きてしまう」のが人間心理の怖いところ。過ぎたるは及ばざるが如し。安定した状況に「慣れて」、それに「疲れて」しまわないように、感情をコントロールしていくことが重要だ。

安定、完成、基礎、不動

剣

「剣」はいったん、安定した状態に収まることになる。それは取りあえず、「思考」を休止し、「安静にする」ことを意味している。差し当たり「問題は落ち着いて」おり、時には「休息」を取る必要もあるのだ。マイナスな意味で取れば、「危機管理の甘さ」や「困難な状況の定着」という状況も示している。

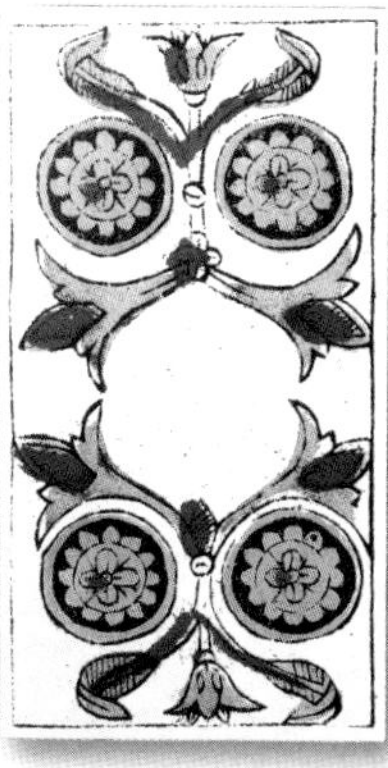

金貨

「金貨」に象徴される物質的、現実的な成果を得、安定した状況を作り出すことができた。それを他者に奪われまいとして、事物や財を「保護」「管理」しようとしている。それはそれで悪いことではないのだが、「管理」をし過ぎることは、「物事の停滞」や「精神的・経済的な成長の阻害」にもつながる。

V

「安定」の「4」に「1」を加えた「5」はその安定の「破壊」を意味する。そこから生まれるのは、様々な葛藤や戦いだ。

棒

安定していた状態が破綻し、様々な衝突や戦いが起きる。訴訟の可能性、近隣住民とのトラブルなど、それは現状に満足できないエネルギーのほとばしりであるのかもしれない。「棒」は「肉体的なエネルギー」を示すスート。その状況から逃げず、「体当たりでぶつかって」いけば、解決できるということも暗示されている。

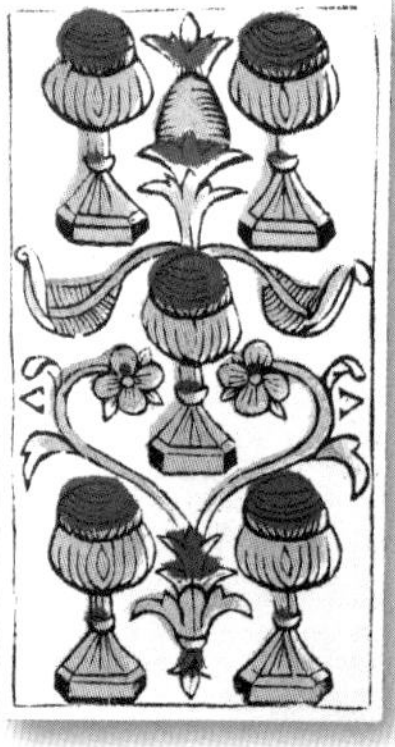

聖杯

感情的、愛情的に安定した状態が崩れる可能性。それは「愛する者を失う」ことなのか、「結婚生活が破綻する」ことなのか。家族や恋人の間でも、ふとしたきっかけで「感情的なトラブル」が起こり得る。ただ、「雨降って地固まる」という言葉があるように、それを克服すれば、愛情や信頼は新しいステージに至ることもできる。

変化を求めることは、吉か凶か

剣

「剣」を持って「安定を破壊」することは、「流血を見るような出来事」を示唆し、「失敗」や「敗北」、あるいは「不正な方法を使っての他者の支配」を意味している。現代社会にあてはめれば、それは「リストラ」などの「痛みを伴う解決策」を暗示するのかも。「剣」の行使による「むなしい勝利」を意味する場合もある。

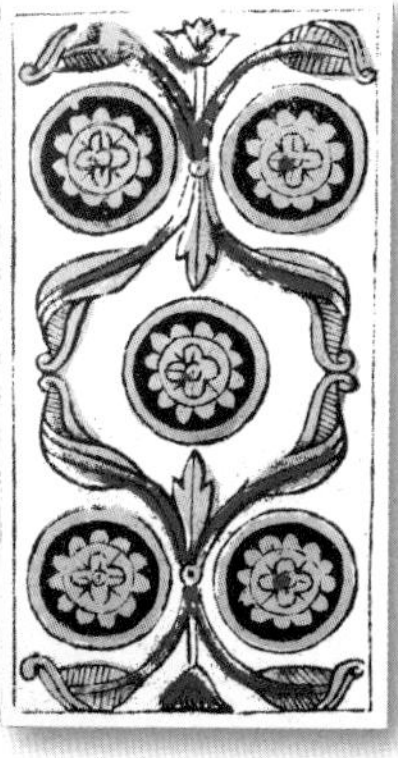

金貨

「現実」や「物質社会」の「安定の破壊」。それが意味するのは「貧困」や「家庭や所有物の喪失」だろうか。あるいはそれを現代社会にあてはめると、「ライバル会社との戦い」や「成長するための投資の増大」を示唆するのかも。「生きることの苦しみ」を共有することで生まれる「連帯」を意味する、という説もある。

Ⅵ

「安定が破壊」された状況が、再びバランスの取れた状態に向かう。創造の「3」の倍数「6」は、物事の「完成」も意味している。

棒

「バランスよく動いた」結果、もたらされるのは「良い知らせ」であり、世界に「調和」がもたらされ、「紛争を解決する」ことができる。それは個人としては、「調和の取れた人間関係」のもとで「リーダーとして指導力を発揮できる」ことを意味する。逆にいえば、「人間関係の調和」を怠《おこた》ることがないようにする必要がありそうだ。

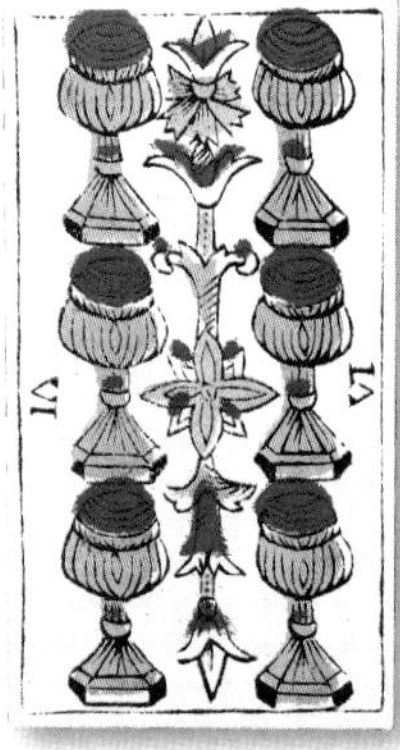

聖杯

感情や愛情がバランスよく調和の取れた状態にある。それはつまり、広範囲に愛情を注ぐことでもあり、「5」で勃発した愛情問題が解決することや「結婚」も意味している。ライダー版では、「過去から来る喜びや祝福」や「子供時代の知り合いに会うこと」をも意味し、逆にいえば「過去への執着」の危険性も示唆している。

美と調和、バランス、格差の是正

剣

「剣」は「知性」を意味する。

それが調和している状態は、「知性による解決」を意味している。現代社会でいえば、「当事者同士が理性的な話し合いの結果、両者が合意できる地点で折り合う」状態を示している。マイナスの意味に取れば、それは「根本的な思想の違いから、交渉が堂々巡りしてしまう」状態を示す。

金貨

物質的、経済的に調和が取れた状態。金銭的にもいい状態にあり、その繁栄は「他者と分かち合う」ことができるものになっている。誰かに対して何かを頼むことがあるかもしれないし、逆に頼まれることもあるかもしれない。逆に、その「調和」が崩されることは「物質的、経済的な不正」が行なわれているということだ。

Ⅶ

天地創造の際、神が7日目を安息日としたように、「7」は神秘の数字だ。完成、調和の「6」をさらに見直す数字でもある。

棒

調和を維持するための戦いが続いている。仕事面では厳しい競争があるようだ。このカードが過去を意味する状況で出た時は、その「戦い」を克服していることを意味し、未来に対して出た場合は、「これからそういう局面が現れる」ことを示唆する。緊張感と覚悟を持ってその状況に対することで、「防衛線を守る」ことは可能だろう。

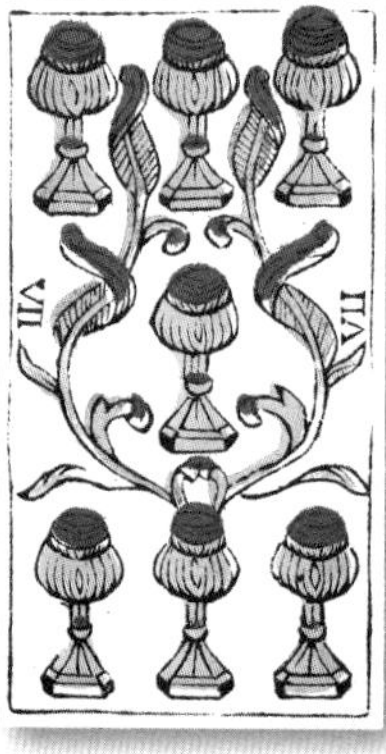

聖杯

「愛の力」が「調和」を揺るがそうとしている。それは「愛を求め過ぎる」ことなのか。それとも「三角関係に陥ってしまう」ことなのか。いずれにしても、いったん冷静になって状況を見直すことが必要かもしれない。聖杯を「感情」や「叙情性」と解するならば、「調和」を揺るがすほどの強いイマジネーションが生まれているのかも。

「完成」のさらに先にあるものとは――

剣

「調和」を引き裂く「剣」は何を意味するのか。それはこれまでの常識から離れた「新たなムーブメントの到来」を意味するのか。それとも詐術や窃盗、スパイ行為などの「狡猾さを発揮して何かに挑むこと」なのか。冷徹に「知性」を使い、これまでの調和を打ち破ることは、プラスマイナス双方に受け取られる可能性がある。

金貨

地道に作り上げてきた現実的な利益。それを吟味し、さらに大きな果実を得るために次のステップについて考え始めている。新たな投資、ローンを組むこと、企業の合併や買収。そんな動きがありそうだ。逆にいえば、それは事業を企画・実行に移す際の「ハイリスク・ハイリターン」の危険性を示唆しているともいえる。

VIII

安定の「4」の2倍。それはより強固な基盤の獲得なのか。対立する力のバランスを取るための「何かを捨てる」必要性を意味するのか。

棒

「生命のエネルギー」を示す「棒」のスート。「生」と「死」の2つの理が「4＋4」の状況を表すとすれば、「8」は「健康や安全に関わる取り組み」の必要性を示している。一般論でいえば、2つの「4」のバランスを取るための「ゴールは近づいている」ことでもあり、そのために急速な状況変化が起こる可能性もある。

聖杯

2種類の「愛情」が「安定」した状態にあるというモデルは、複雑に絡み合った愛情問題が長期化していることを示しているようだ。それは「二重生活」や「相続問題」を意味している可能性がある。その状況をこのまま続行していてもいいのだろうか。これまで行なってきたことを見つめ直し、次のステップに進む時期かもしれない。

新たな基盤の獲得、対立する力のバランス

剣

相容《あいい》れない2つの思想が、どちらも確固たる基盤を築いている状態。つまりそれは、会社や学校などに置き換えると、「派閥争い」が存在していることを意味し、様々な物事が「現状維持」のままで安定してしまっており、どうすれば新たな展開を迎えることができるのかが分からない状況を示している。

金貨

努力を積み重ねた結果、現実的な生活は長期的に安定している。「忍耐」や「我慢」、「日々の鍛錬《たんれん》」の重要性を示唆している。とはいえ、あまりにも長い「安定」は、「停滞」にもつながる。マイナスの意味に取れば、「スピード感のない経済政策」で「ずっと低成長の状態が続いている」ともいえそうだ。

IX

1ケタの数の中で「9」は最大の数。数秘術では、すべての数を内包している状態で、「完成の一歩手前」を示している。

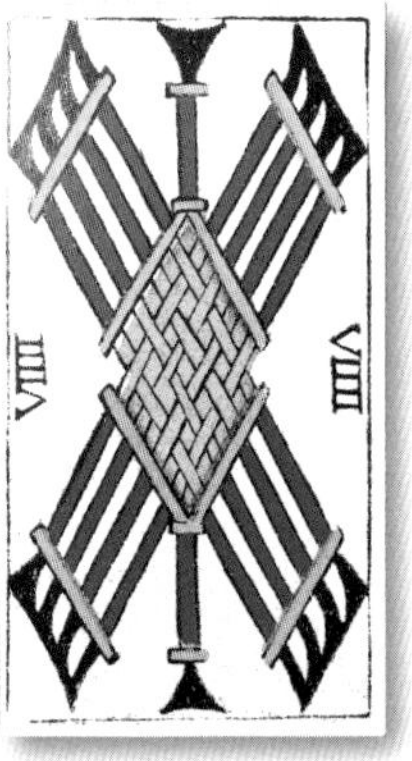

棒

エネルギーは爆発寸前だ。「アイデア」や「情熱」はプランの実現に向けて凝縮されつつある。それは緊張感に満ちた状態であり、力を蓄えるためには「自分自身をしっかりと防衛する」ことも意識しなければならない。物事の完成の直前の新たなエネルギーの注入、「世代交代」や「身をなげうつ挑戦」をも示唆している。

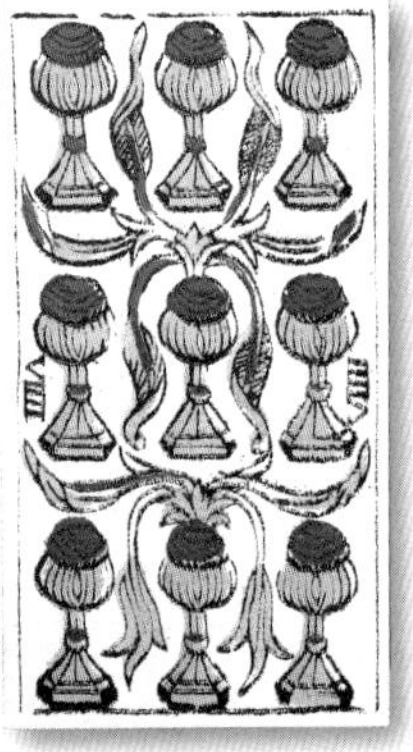

聖杯

「ライダー版」では「ウィッシュカード」といわれ、「願いが叶う」暗示といわれるカードである。理屈や形ではない「愛」や「幸福感」。物質的、経済的な未来は保証され、官能的な享楽を得ることもできるだろう。もう少しで「愛」や「感情」は満たされる。ただ、それはまだ「完全」ではないことも忘れてはならない。

完成の一歩手前、すべての「数」を内包

剣

8本の「剣」が作るサークルの中央に置かれた1本の「剣」。それは社会に定着してきた論理・思想の変化、パラダイムシフトを意味する。会社でいえば、「経営陣の交代」、個人でいえば大きな変化に直面した時の「苦しみ」「疑念」「絶望」……。ただそれは「どん底」とまではいえない。心を強く持って状況に立ち向かうことが必要だ。

金貨

物質的な満足や成功を表す。それは、物質社会において物事をうまくコントロールできていることであり、ひいては心が安定し、自由を手にしている状態を意味している。社会的な見方をすると、長く定着していた経済活動の在り方が変化し、新興ビジネスの発展、経営陣の新旧交代、起業のチャンスなどを意味する。

X

小アルカナの「10」は、それぞれのスートの究極のエッセンスを示す。ひとつのサイクルが終わり、次の段階を迎える。

棒

力が充満し、別次元に移行する最終段階を迎えている。それは「新たな生命が生まれる際の重圧」、つまり「産みの苦しみ」をも意味しているようだ。意志を強く持って前進すれば、目標は達成できるし、苦労が大きければ大きいほど成果も大きい。ダイナミックな展開、グローバルな活動は、もう目の前に迫っている。

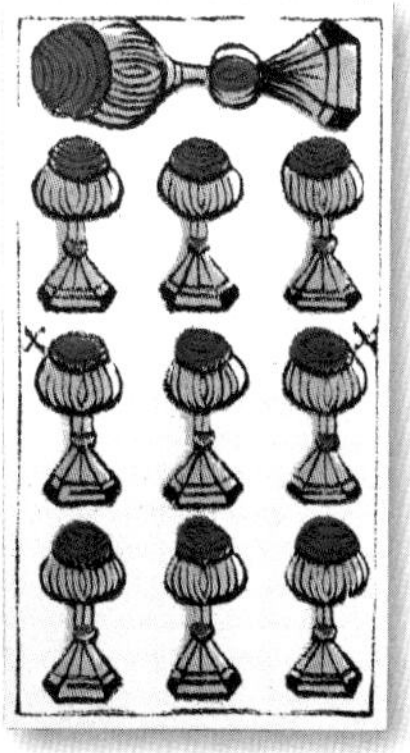

聖杯

大いなる「愛」に包まれる。幸福な家庭生活。真の友情。聖杯の「9」が示す「官能的な満足」とは違い、そこにあるのは真の精神的な満足だ。それは物質的な成功をベースにしており、その幸福は何のわだかまりもなく、すべての人々と共有することができる。その喜びは素直に享受すべきものである。

終焉《しゅうえん》、完結、新しいサイクルへの準備

剣

「思考」を次のステージに移行させる時が訪れた。「剣」によって「切り裂く」改革は、様々な状況において「身を切って」行なうものなのだ。「物事の終わり」であり、「戦争での敗北」「大胆な路線変更」を意味するカードだが、それは決して「死」ではない。アイデアや知性が実体化する時、そのアイデアはいったん役割を終えるのだ。

金貨

物質的、現実的な成功のピークに達した。家族や社会、あるいは国家は「富《とみ》」と「安全」で満たされ、隅々までその成果は行き届いている。ただ、その成果を維持するためには、責任や努力が必要だ。「富」と「安全」を維持し続けるための生活は変化に乏しく、それは「倦怠《けんたい》」や「退屈」をも生むことになる。

小姓（ペイジ）

若者、もしくは少年少女を表す絵札である。物事は「始まったばかり」、未熟だが才能にあふれ、可能性に満ちあふれている。

棒

熱意にあふれ、好奇心に満ちた若者。人懐っこく可愛がられるタイプではあるけど、ちょっとやんちゃな雰囲気もする。気を付けなければいけないのは経験の浅さ、思考の未熟さから来るミス。重要事の決定に際しては、年長者の意見を参考にすべきかも。好奇心を刺激され、「胸躍る冒険に乗り出す」状況をも指している。

聖杯

優しい出来事や豊かな愛情の始まりがイメージされる。人物としては、感受性が豊かで無邪気な子供、夢見がちで空想好き、寂しがり屋。非現実的なキャラクターに本気で恋をしたり、好きな相手を過大に評価してしまったりすることがあるかも。年を取っていても、瑞々《みずみず》しい心を忘れない「永遠の少年少女」も指している。

未熟だが、可能性はいっぱい

剣

どの時代にも、斬新な視点で世界を斬り、新たな価値観を作り上げようとする若者がいる。ジャン・コクトーのいう「恐るべき子どもたち」は、大人たちからすると「眩《まぶ》しいほど鮮烈」だが、時には「頭でっかちで傲慢」に見えるかもしれない。「旧態依然としたやり方を見直し、新たな方策を見いだす時期」という状況も意味する。

金貨

「地に足をつけて」成長しようとする若者。プロとしての自覚も生まれ始めており、コツコツと地道な努力を重ねている。手に持っている1枚の金貨は「最初のチャンス」だろうか。それは、単体では小さくても将来につながるものかもしれない。未熟かもしれないが、誠意を持って仕事にあたること、が求められている。

騎士（ナイト）

「小姓」が成長した「騎士」は、十分に経験を積み、知恵も行動力も兼ね備えた存在。頼りになる「兄貴分」である。

棒

エネルギッシュでパワフル、「とにかくいつも動いている」若者である。新しいもの好きでせっかちで、「粋《いき》で鯔背《いなせ》」というイメージがぴったり。困難を恐れず、海外など未知の場所にも飛び込んでいくアクティブさが魅力だが、逆にいえば自信過剰で猪突猛進な印象を与えることも。熱しやすく醒《さ》めやすい気質でもある。

聖杯

ロマンティックでアーティスティック。物腰が柔らかく、人当たりがいい。洒落《しゃれ》者であり、常に恋愛を第一に考えるようなタイプだが、空想にのめり込み過ぎないよう注意した方がいいかも。目前に解決しなければいけない問題がある状況では、感情に訴えかけるドラマティックな展開の必要性を暗示しているようだ。

賢く活動的、経験も十分に積んでいる

剣

「論理」と「理性」を重視する活動的な若者。困難にあたっても、感情的にならず的確な判断をし、状況を「切り開いて」いくことができるが、行き過ぎて無慈悲な言動をしてしまう危険性も持っている。このカードが意味するのは、「即断即決」。ただし、他人を見下したり、粗略に扱ったりしないようにしなければいけない。

金貨

長い間頑張っていたことが、実りの時を迎える予感。物事を長期的に考え、小さな目標をひとつひとつ達成していくことが必要だ。オーバーワーク、頑張り過ぎには注意しなければいけないが。想像力には乏しいかもしれないが、実務に優れ、信頼できる几帳面な青年。そんな人物像も見えてくる。

女王（クイーン）

「王」をサポートする立場にあるのが「女王」。母性にあふれ、聡明で魅力的な「大人の」女性である。

棒

明るく華やかでおしゃれ。自分をアピールすることが得意な「姉御肌」の女性を示す。誇り高く情熱的でもあるが、度が過ぎると虚栄心が強く、傲慢、身勝手に見えることも。恋愛面では、「情熱的な気持ち」が目覚める兆《きざ》し。何事にも前向きに取り組んで、安定した情熱を注ぎ続ける状況も示唆している。

聖杯

愛情にあふれた「母性的」な女性。家庭的で優しい雰囲気で、誰に対しても愛情を注ぐことをいとわない。感受性豊かで、繊細で、少し神秘主義的な一面も持っている。「ひらめき」や「直感」を示唆するカードでもある。逆にいえば、「視野が狭く、世の中の動きに疎《うと》く」なってしまう可能性もある。

母性、聡明で魅力的な女性

剣

様々な経験を経て、「酸《す》いも甘いも噛《か》み分けた」理知的で強い女性。鋭い観察眼を持ち、冷静な判断を下すことができるが、その判断は時に冷酷なものになってしまうかも。警戒心が強く、他者に対するガードを緩めない傾向もある。このカードが示すのは、「感情に流されず、冷静な目で状況を見つめ、判断を下す」必要性だ。

金貨

自分の価値観をしっかりと持ち、感情よりもルールを守ることを重視する。よき教育者であり、物事には表と裏があることをよく知っている。そのうえで常識や分別を重視するのである。社会的には、貯金や蓄財、地に足がついた行動がいい時期を示している。女性にとっては「妊娠」を意味するカードかもしれない。

王（キング）

自信に満ち、肉体的にも精神的にも完成されたリーダーである。責任感も強く「父性」そのものの象徴のようだ。

棒

情熱的で明朗快活、強烈なリーダーシップで部下たちを引っ張っていく。「親分肌」という言葉が思い浮かぶ。目標に向かって突き進む、果敢な行動の必要性を示すカードでもある。「親分肌」であるだけに、マイナスに出ると「頑固」「偏狭《へんきょう》」「暴力的」というイメージにもつながってくる。「体育会系」といえるだろうか。

聖杯

包容力があり、懐《ふところ》が深い。どっしりと構えた「人情派」のリーダーである。他者への理解や寛大さの必要性を示すカードであり、よきカウンセラー、アドバイザーであることを求めている。温かい人柄の人道主義者。だが、時としてそれは「優柔不断」で「頼りなく」見えてしまうこともあるだろう。

威厳のある力強いリーダー

剣

頭脳明晰で決断力がある。革新的な考えを実行に移すカリスマ・リーダーである。とても論理的であり、その判断は公正なのだが、時にそれは非情で冷酷に見えてしまうかもしれない。このカードが示すのは、「冷静で論理的な分析の必要性」だが、「目的のためには手段を選ばない」状態にならないよう肝《きも》に銘じておくべきかも。

金貨

社会的な成功を収め、確かな地位と経済力を備えている。夢や理想よりも、実利的な考えを優先、知識と経験が豊富な「大物」である。学閥、閨閥《けいばつ》などに頼らず、「たたき上げ」で地位を築いたイメージ。思慮深く、失敗が少ないタイプだがやや保守的で、「自分の立場を守るためには手段を選ばない」人物でもある。

対談

「タロットを描くということ」

魔夜峰央（漫画家）×イズモアリタ（図案作家）

22枚の大アルカナで示されるのは、人間世界の様々な営みとその向こうにある「真の世界」の秘密。そこには、古今東西の神秘思想、フォークロア、歴史の記憶が、イメージとして含まれていたわけである。それでは実際にデッキを作ったアーティストは、どんなことを考えて、どんな思いでタロットと取り組んできたのだろうか。「魔夜峰央タロット」の作者、漫画家の魔夜峰央さんと、「大アルカナ」のデッキ「ALRESCHA22」を2022年に発表した図案作家のイズモアリタ氏が、タロットへの想いを語り合う。

アリタ　魔夜先生のデッキ、私は大好きなんですよ。9歳の頃にタロットに出合い、中学2年生の時から占星術にのめり込んだ私なんですが、先生のホロスコープ（占星術で使う天体図）を拝見させていただいたら、ビアズリーさん（イギリスのイラストレーター、詩人のオーブリー・ビアズリー）によく似ているんです。写真を見ていると、先生のお顔もビアズリーさんに似ているような気がします。ビアズリーさんの絵に惹かれるところはあるのでしょうか。

魔夜　ビアズリーさんに私、似てますかね（笑）。何年か前、新潟《にいがた》の美術館での展覧会に呼んでいただいて、初めてその絵を生《なま》でたくさん見ました。（自分の絵の描き方に）近いものを感じましたね。「黒」という色に私はこだわりを持っているんですが、ビアズリーさんも同じように見える。蛍光灯の下では出せない「黒」なんです。私自身、小さい電球ひとつの下で、何度も墨汁《ぼくじゅう》を塗り直して、「黒」の色を出している。そうしないと気が済まないんです。

アリタ　ビアズリーさんは、歌川国芳など日本の浮世絵師の影響が強いようですが、魔夜先生のカード、たとえばナンバー13の「死神」（117ページ）なども、まさに国芳、というふうに見えます。その辺りはいかがでしょうか。

魔夜　あの絵はまさしく国芳の《相馬古内裏》に描かれたガイコツ、「がしゃどく

オーブリー・ビアズリー　（1872〜1898）は、19世紀末のイギリスで人気を集めた夭折の鬼才。独特の幻想的な雰囲気を持った白黒のペン画で知られ、オスカー・ワイルドの戯曲「サロメ」の挿絵が特に有名だ。日本の浮世絵の影響を受けているといわれるが、ビアズリーの影響を受けた日本の画家も数多い。魔夜さんが招かれたのは、新潟県立万代島美術館で2016年に開かれた「ビアズリーと日本」展だ。

ろ」を意識して描いたものですね。いろいろ浮世絵は見てきましたが、私は国芳が好きなんです。（葛飾《かつしか》）北斎《ほくさい》よりも好きなぐらい。「がしゃどくろ」は「死」のイメージだけでなく、何だか「包容力」を感じるんですよ。私の今使っている名刺の裏にも「がしゃどくろ」の絵を入れているぐらいです。

アリタ　先生の作られたデッキは、「死神」以外でも「道《タオ》」の雰囲気を感じさせたり、「龍」のイメージがあったり、東洋的な雰囲気のものが多いですね。たとえば、「世界」のカード。中央にあるのはウロボロスですが、その下の人間にはやはり東洋的な雰囲気がある。その辺り、何か強く意識したことはおありでしょうか。

魔夜　28歳の時に作ったカードですからねえ。細かいことは忘れてしまいましたねえ（笑）。確かどなたかから頼まれて絵を描いたんで、自分から「作りたい」といったわけではないような気がします。あまり深く考えたのではなく、おそらく2、3日で思いつくままに描いたような記憶がありますね。……はっきり覚えているのは「隠者」のカード。『忍者武芸帳』という映画があったんですよ（1967年公開、大島渚監督、ATG配給）。その「忍者」というイメージを意識して絵に入れました。

アリタ　ただ、先ほどの「がしゃどくろ」のお話をうかがっていても、先生の死

魔夜峰央さんは1953年、新潟市生まれ。1973年に「デラックスマーガレット」誌に描いた「見知らぬ訪問者」でデビュー。アニメ化もされた『パタリロ！』や『ラシャーヌ！』など、耽美的な世界の中にギャグを入れ込む独特の作風で人気を得た。2010年代後半には、1980年代に出版された短編集に収録されていた『翔んで埼玉』がネットで話題になり、2019年には映画化もされた。一方の**イズモアリタ**さんは1966年、島根県出雲市生まれ。現在は図案作家として活躍する傍ら、タロットの制作、リーディングのイベントなども行なっている。本書の原形、読売新聞が運営するウェブサイト「美術展ナビ」での「愚者の旅―The Art of Tarot」では、ナビゲーターとして連載の監修を行なった。

生観には独特のものがあるような気がするのですが……。タロットを作られたことが、その後の漫画家生活に影響を与えたということはあるのでしょうか。

魔夜　「死生観」というか、人間は亡くなった後、消滅してしまうのではなく、「転生」を繰り返すものだ、という思いはあります。……タロットを描いたことで制作姿勢が変わったということはないです。デビューして2作目がタロットの話なんですよ。漫画家になる前から、タロットには触れてきていましたから、それによって何かが変わった、ということはないです。

アリタ　なるほど。漫画家になる前から、そもそもタロットのような神秘的なものに興味があったわけなのですね。そのルーツはどこにあるのでしょうか

魔夜峰央タロットの「隠者」

魔夜　小学校2年生の時、『第二の地球へ』という少年少女向けのSF小説を読んで、「不思議な世界」「非日常の世界」に興味を持つようになったんですよ。小学生のころはずっと図書委員をしていて、グリ

『第二の地球へ』は昭和36年(1961)に講談社から刊行された『少年少女世界科学名作全集 15』に収録されている。作者はミルトン・レッサー(1928~2008)で、高橋豊訳。ミルトン・レッサーは別名スティーヴン・マーロウ。アメリカのSF/ミステリー作家で、SF分野では少年少女向けの作品で知られている。

ム童話とかイソップ童話とか、そういうものも随分読みました。それからですね、(SFとかファンタジーとか)全部ひっくるめてそういう「不思議なもの」が理屈抜きで好きになったのは。

アリタ　ホロスコープでは、先生は7歳の頃に何か魂の扉が開かれるような新しい周期を迎えられた、と出ています。先生のタロットデッキは、28歳の時に作られたものだそうですが、また「タロットを描いてみたい」というお気持ちはありますか？　先生のタロットを楽しんでいらっしゃるファンの方も多いのですが、そういう方にメッセージがおありでしたら、最後にお願いします。

魔夜　いやあ、最近、目が悪くなりましたからね、もう描こうとは思わないです(笑)。『翔んで埼玉』もそうですが、若い頃にしか描けないものって、やっぱりあるんですよ(笑)。その時代、想いのままに描いたカードですけど、それが皆さんのお役に立っているのなら、有り難いことです。まあ、(占いやリーディングの結果には)私は責任を持てませんけどね(笑)。

イズモアリタ氏によるタロット「ALRESCHA22」

コラム

東京タロット美術館とは？

日本初のタロット美術館

東京・浅草橋に２０２１年11月に開館した「東京タロット美術館」。１９７４年にタロットカードの輸入を始めた「ニチユー株式会社」が開設し、約３０００種類のカードデッキを所蔵、約５００種類のタロットカードを展示している。美術館のコンセプトは、タロットを通じた「自己との対話」。タロットに込められた神話や伝承、教訓を自分なりに読み解くことで、自分をより深く知る場を提供している。ここでは、落ち着いた空間の中で、タロットの世界が存分に楽しめるだろう。さらに、ニチユーはアーティストの発掘のほか、オリジナルカードの制作を通してアーティストの世界観を国内外に発信するなどの活動をしている。

２０２２年には「他者との対話」をテーマにしたミュージアムカフェ「CAFÉ Tarot（カフェタロー）」も近隣にオープン。

美術館の館内では、カードデッキの他にイチオシの資料や書籍も充実している。

植物性にこだわった食事が楽しめるカフェタローでは、タロットにちなんだイベントも開催。

美術館DATA

住　　所：東京都台東区柳橋2-4-2　Ubase浅草橋6階
開館時間：平日　10:00～19:00（最終入館17:30）
　　　　　土曜　09:00～18:00（最終入館16:30）
※来館は日時指定の予約制
予約URL：tokyo-tarot-museum.art
休 館 日：日曜日、祝日、他
※館内での支払いは"現金以外"でのキャッシュレス決済のみ

おわりに

＊「正位置」と「逆位置」

22枚の大アルカナと56枚の小アルカナが織りなすタロットの世界。その歴史とカードの絵柄が示すもの、そこからイメージされる「愚者の旅」……タロットに関する基礎的な事柄は、駆け足ながら一応話し終えたつもりである。

お楽しみいただけただろうか。

それでは、そのタロット、どんなふうに使ったらいいの？

ここからは、そういうお話である。

……と、その前に——。

もうひとつだけ、説明しておかなければいけないことがある。

「大アルカナ」や「小アルカナ」の解説をご覧になる際、「こんな表現が多いなあ」と思った方もいるのではないだろうか。

「マルセイユ版」の「戦車」のカード。
左が「正位置」、右が「逆位置」

「逆にいえば」「マイナスの意味で考えると」――。

　また、カードの説明で、まったく逆の事が並列で書かれていることを不思議に思った方もいるのではないだろうか。たとえば、Ⅶ「戦車」は、こうだ。

〈前進、成功、勝利、凱旋……猪突猛進、思い込みの激しさ――〉

　実は、それはカードの「位置」が関係している。

　大アルカナも小アルカナも、タロットのカードには「上」と「下」がある。上の画像2枚を見ていただきたい。任意にカードを持ってきて並べると、カードの「上」が上を向いている状態と「上」が下を向いている状態ができるのが分かるだろう。この時、〈「上」が上を向いている〉右側の状態を「正位置」、〈「上」が下を向いている〉左側の状態を「逆位置」と呼ぶのである。

「正位置」の場合、そのカードが持つ意味が素直に反映される。「戦車」であれば、〈前進、成功、勝利、凱旋〉がそれだ。「逆位置」になるとカードは普通、正位置とは反対の意味を持つ。「戦車」であれば、〈猪突猛進〉というふうに……。〈思い込みの激しさ〉というように、「正位置」のイメージが歪《ゆが》められたり薄められたりすることもある。1枚のカードをどのように見るのか。その「位置」の違いで、相反する様々な要素が生まれてくるのだ。

＊大切なのは「イマジネーションの飛翔」

タロットというと、多くの人が思い浮かべるのは、「占い」だろう。特に1960年代以降、「タロティストの母」と呼ばれるイーデン・グレイが『啓示タロット』『皆伝タロット』『自在タロット』の「3部作」で、「ライダー版」を基にしたカードの解釈を分かりやすく整理して、広く一般にも浸透した。グレイは「古代ケルト十字法」や「生命の樹法」などの占いの方法を「3部作」で紹介しているが、占いの方法はそれだけではない。『タロットの秘密』の中で、鏡リュウジ氏は〈タロット占いには「こうしなければならない」という厳密なルールは存在しない〉という。〈自由にイマジネーションを飛翔させられるのが、タロット占いのもっとも面白い点〉と鏡氏は付け加える。

「占い」よりもさらに個人の「イマジネーションの飛翔」を重視するのが、「リーディング」と呼ばれている方法だ。心理学的なカウンセリング、セラピーのツールのように、タロットを使うのである。その「方法論」は、「リーディングを行なう人」によって様々だが、共通しているのは、「リーディングを受ける人」が引いたカードを基にして、「行なう

マルセイユ版の「力」

人」と「受ける人」が対話をしながら、「受ける人」の問題の本質がどこにあるのか、どのようにそれに対処をしていけばいいのか、を探ること。たとえば、「受ける人」が「力」のカードを引いたとしたら、「そのカードのどこが気になりますか」などと聞

いていく。絵柄や色、人物配置などから連想を広げていくことによって、自分でも気付いていなかった心の奥底の動き、潜在意識の願望などを見つけていく。場合によっては、さらにカードを引いていき、その状況に対し、「本当の自分」は何を望んでいるのか、冷静に考えるとどう行動すればいいのかを見つけ出していくのである。

＊タロットは「心の鏡」

このように、「占い」や「リーディング」に使われるタロットだが、本書では、その具体的な方法論までは詳述しないことにする。「生兵法《なまびようほう》はケガのもと」だからだ。中途半端な知識でカード・リーディングを行なうことは、それをする本人だけでなく、周りにも迷惑をかけることになりかねない。それでも「占い」や「リーディング」に挑戦したい、という方には、巻末に参考文献として挙げた各書を、まずはお読みになっていただきたい。

それよりもお薦めしたいのは、「タロットそのものを楽しむこと」だ。大アルカナでも小アルカナでも、タロットのカードには様々な「イマジネーションの飛翔」が込められている。「愚者」のカードでも「死神」のカードでも、その絵柄に触れて、様々な方向に心を動かしながら、自分との対話を進めていく。「タロットは〈遊び〉である」。『タロット大全』の中で伊泉龍一氏はいう。ちょっとした心の余裕を持ってカードと接する時、タロットはあなたの暮らしを豊かにしてくれる。タロットはあなたの心を映す鏡なのである。

それでも「やっぱり、具体的なタロットの使い方を知りたいなあ」という人へ——。

「1枚引き」という方法がある。

用意するのは、1セットのタロットデッキ。22枚の大アルカナだけを使ってもいいし、78枚のフルセットを使ってもいい。タロットをケースから出して、手の内でシャッフルするか、机の上で混ぜ合わせるか……とにかくランダムに並んだカードの中から、心の中で「今日はどんな日になるかな」とか「何か新しい出会いがあるかな」とか思いながら、1枚だけを選んで「引く」のである。

その1枚が、その日の「あなたの願い」について語るカード。その絵柄をじっくり見てみよう。Ⅵの「恋人」のカードが出たら、「何か出会いがあるのかな」とか「仕事上のコミュニケーションを大切にしなければいけないかな」とか思いながら。重要なのは、「悪い」カードが出ても、落ち込まないこと。たとえばXVIの「塔」のカードが出ても、「何かが壊れる、清算される可能性があるから、いつも以上に注意しよう」ぐらいに思うこと。カードが提示するのは、あくまで「偶然の啓示」であり、それは決して「絶対にこうなること」や「変えられない運命」ではないのだから。

主要参考文献

聖書協会共同訳『聖書』日本聖書協会、２０１８年
伊泉龍一『タロット大全』紀伊國屋書店、２００４年
伊泉龍一、早田みず紀『数秘術の世界』駒草出版、２００６年
井上教子『タロットの歴史』山川出版社、２０１４年
井上教子『マルセイユ・タロット教室』国書刊行会、２０２２年
大貫隆訳・著『グノーシスの神話』講談社学術文庫、２０１４年
大野英士『オカルティズム』講談社選書メチエ、２０１８年
鏡リュウジ『タロットの秘密』講談社現代新書、２０１７年
鏡リュウジ『鏡リュウジの実践タロット・リーディング』朝日新聞出版、２０１７年
鏡リュウジ責任編集『ユリイカ 詩と批評 第53巻第14号12月臨時増刊号 総特集＊タロットの世界』青土社、２０２１年
河合隼雄『ユング心理学入門』培風館、１９６７年
河合隼雄『無意識の構造 改版』中央公論新社、２０１７年
浜田優子『新釈 マルセイユタロット 詳解』東洋書院、２０１６年
松村潔『数の原理で読むタロットカード』星和書店、２００３年
山本伸一『総説カバラー』原書房、２０１５年
アーサー・E・ウェイト／アレクサンドリア木星王監修、シビル岡田訳『新・タロット図解』魔女の家BOOKS、１９９６年
アルフレッド・ダグラス／栂正行訳『タロット』河出書房新社、１９９５年

アレイスター・クロウリー／榊原宗秀訳『トートの書』国書刊行会、1991年
アレハンドロ・ホドロフスキー／伊泉龍一監修、黒岩卓訳『タロットの宇宙』国書刊行会、2016年
イーデン・グレイ／幸月シモン監修、星みわーる訳『啓示タロット』『皆伝タロット』『自在タロット』郁朋社、2002年、2005年、2007年
エリファス・レヴィ／生田耕作訳『高等魔術の教理と祭儀　教理篇』人文書院、1982年
エリファス・レヴィ／生田耕作訳『高等魔術の教理と祭儀　祭儀篇』人文書院、1992年
オズヴァルド・ヴィルト／今野喜和人訳『中世絵師たちのタロット』国書刊行会、2019年
サリー・ニコルズ／秋山さと子、若山隆良訳『ユングとタロット』新思索社、2001年
ジョン・マイケル・グリア／伊泉龍一訳『生命の木』フォーテュナ、2020年
C・シセロ＋S・T・シセロ／江口之隆訳・解説『現代魔術の源流［黄金の夜明け団］入門』ヒカルランド、2017年
ユルギル・バルトルシャイティス／有田忠郎訳『バルトルシャイティス著作集3　イシス探求』国書刊行会、1992年
マレイ・スタイン／入江良平訳『ユング　心の地図』青土社、2019年
リズ・グリーン／鏡リュウジ監訳、上原ゆうこ訳『占星術とユング心理学』原書房、2019年
レイチェル・ストーム／高橋巌＋小杉英了『ニューエイジの歴史と現在』角川書店、1993年
レイチェル・ポラック／伊泉龍一訳『タロットの書　叡智の78の段階』フォーテュナ、2014年
レティシア・バルビエ／鏡リュウジ監訳『タロットと占術カードの世界』原書房、2022年
ロナルド・デッカー、マイケル・ダメット／今野喜和人訳『オカルトタロットの歴史　1870―1970年』国書刊行会、2022年

写真協力：

Lo Scarabeo　© of all Tarot images belong to Lo Scarabeo SRL
AGM　© of all Tarot images belong to AGM-Urania Königsfurt-Urania Verlag GmbH D-24796 Krummwisch Germany
US Games　© of all Tarot images belong to U.S. Games Systems Inc.
ステラ・タロット　© Takako Hoei / Stella Kaoruko
魔夜峰央タロット　© 魔夜峰央　説話社
ニチユー株式会社　© Nichiyu Co.,Ltd.
Tarot de Marseille Heritage © Yeves Reynaud / 2013-2022・Marseille
アフロ　P.12、P.14、P.116 上、P.130、P.156 下

JASRAC 出　2209140-201

本文 DTP　アルファヴィル・デザイン

切りとり線

★読者のみなさまにお願い

この本をお読みになって、どんな感想をお持ちでしょうか。祥伝社のホームページから書評をお送りいただけたら、ありがたく存じます。今後の企画の参考にさせていただきます。また、次ページの原稿用紙を切り取り、左記まで郵送していただいても結構です。

お寄せいただいた書評は、ご了解のうえ新聞・雑誌などを通じて紹介させていただくこともあります。採用の場合は、特製図書カードを差しあげます。

なお、ご記入いただいたお名前、ご住所、ご連絡先等は、書評紹介の事前了解、謝礼のお届け以外の目的で利用することはありません。また、それらの情報を6カ月を越えて保管することもありません。

〒101-8701（お手紙は郵便番号だけで届きます）
祥伝社　新書編集部
電話03（3265）2310
祥伝社ブックレビュー　www.shodensha.co.jp/bookreview

★本書の購買動機（媒体名、あるいは○をつけてください）

＿＿＿＿新聞の広告を見て	＿＿＿＿誌の広告を見て	＿＿＿＿の書評を見て	＿＿＿＿の Web を見て	書店で見かけて	知人のすすめで

★100字書評……美しきタロットの世界

名前

住所

年齢

職業

読売新聞社「美術展ナビ」取材班

「美術展ナビ」は、読売新聞社が運営している日本各地で開催される美術展を紹介する情報サイト。首都圏の大型企画展から、公立・私立の美術館・博物館で開催される美術展まで、最新の情報を発信している。同サイトの連載「愚者の旅—The Art of Tarot」も、「美術展ナビ」の取材班が企画・取材・執筆した。

「美術展ナビ」https://artexhibition.jp/

東京タロット美術館

ニチユー株式会社が運営する日本初となるタロットカードの専門美術館。約3000種のタロットカードのコレクションを誇る。占いの道具だけではなく、自己との対話のツール、またその芸術性や背景にある文化・歴史を愉しむ大人の嗜好品としての魅力を伝える。
https://www.tokyo-tarot-museum.art/

美《うつく》しきタロットの世界《せかい》
——その歴史《れきし》と図像《ずぞう》の秘密《ひみつ》

読売新聞社《よみうりしんぶんしゃ》「美術展《びじゅつてん》ナビ」取材班《しゅざいはん》
東京《とうきょう》タロット美術館《びじゅつかん》／監修

2023年1月10日　初版第1刷発行

発行者……………辻 浩明
発行所……………祥伝社しょうでんしゃ
〒101-8701　東京都千代田区神田神保町3-3
電話　03(3265)2081(販売部)
電話　03(3265)2310(編集部)
電話　03(3265)3622(業務部)
ホームページ　www.shodensha.co.jp

装丁者……………盛川和洋
印刷所……………萩原印刷
製本所……………ナショナル製本

Printed in Japan　ISBN978-4-396-11669-9　C0276

〈祥伝社新書〉
歴史に学ぶ

545
日本史のミカタ
「こんな見方があったのか。まったく違う日本史に興奮した」林修氏推薦
国際日本文化研究センター所長 井上章一
本郷和人

588
世界史のミカタ
「国家の枠を超えて世界を見る力が身につく」佐藤優氏推奨
井上章一
小説家 佐藤賢一

630
歴史のミカタ
歴史はどのような時に動くのか、歴史は繰り返されるか……など本格対談
井上章一
国際日本文化研究センター教授 磯田道史

351
英国人記者が見た
連合国戦勝史観の虚妄
滞日50年のジャーナリストは、なぜ歴史観を変えたのか。画期的な戦後論の誕生
ジャーナリスト ヘンリー・S・ストークス

578
世界から戦争がなくならない本当の理由
なぜ「過ち」を繰り返すのか。池上流「戦争論」の決定版！
ジャーナリスト
名城大学教授 池上　彰

〈祥伝社新書〉
「心」と向き合う

183
般若心経入門
276文字が語る人生の知恵
永遠の名著を新装版で。いま見つめなおすべき「色即是空」のこころ
松原泰道

204
観音経入門
悩み深き人のために
安らぎの心を与える「慈悲」の経典をやさしく解説
松原泰道

076
早朝坐禅
凛《りん》とした生活のすすめ
坐禅、散歩、姿勢、呼吸……のある生活。人生を深める「身体作法」入門
宗教学者 山折哲雄

188
歎《たん》異《に》抄《しょう》の謎《なぞ》
親鸞をめぐって・「私訳 歎異抄」・原文・対談・関連書一覧
親鸞は、本当は何を言いたかったのか?
作家 五木寛之

308
神(サムシング・グレート)と見えない世界
「神」とは何か? 「あの世」は存在するのか? 医学者と科学者による対談
東京大学名誉教授 矢作直樹
筑波大学名誉教授 村上和雄